"Io & La Mia Normale Disabilità"

"La mia vita è un film!"

"Dedicato a tutti coloro che amano

e a chi combatte ogni giorno nella

realizzazione dei loro desideri …

A chi va avanti senza timore del domani,

alla mia famiglia , all'amore della mia Vita Federico

e ai miei cari amici che mi sostengono, supportano e sopportano…"

(Ilaria Bidini)

Io & la mia normale disabilità
"La mia vita è un film"
Di Ilaria Bidini

1° PARTE - LA MIA VITA

Nel mondo di tutti i giorni siamo stati portati a pensare che la disabilità fosse qualcosa di cui temere, di cui aver paura, qualcosa che se vedi una persona in carrozzina parlare per strada si deve in qualche modo "correre ai ripari" nel timore di poter in qualche strana maniera essere contagiati dalla sua "malattia". Per dirla con un eufemismo non proprio fine ... toccarsi le palle! Insomma chi non è preparato alla disabilità tocca ferro. Oltre a ciò ci sono mille altri luoghi comuni che durante la mia esistenza sto cercando di sfatare. Facciamone qualche esempio.

Si chiede alle persone disabili se possono fare sesso, se possono lavorare, se hanno degli amici, se stanno tutto il giorno in casa ecc ecc... Insomma cose di questo tipo. Domande irritanti e anche irrispettose è vero, ma che nascondono un aspetto della nostra società, l'ignoranza. Si perché chi fa tali domande è ignorante. Non vuole essere un'offesa, non si vuole offendere nessuno qua, semplicemente ignora l'argomento, in altre parole non ha la più pallida idea di che cosa si sta parlando.

Persone abituate a guardare i programmi spazzatura in televisione, che piangono davanti alla falsità della Barbarina o che gioiscono quando due persone con un certo handicap raccontano la loro storia e chissà quali meravigliose e straordinarie imprese. L'ignoranza, cari miei è una brutta bestia e l'unica cura possibile è la cultura e l'approfondimento di questo argomento.

Non starò a parlare di integrazione poiché a mio avviso le persone disabili in quanto tali dovrebbero già far parte della società com'è giusto che sia senza bisogno che ci sia chissà quale percorso di integrazione. Quello che vi sto dicendo cari miei è di conoscere le persone per come sono, di aprire gli occhi e di cercare di capire che non vi trovate di fronte a chissà quale creatura extraterrestre ma ad un essere umano con un suo carattere e i suoi sentimenti, un essere che ha pregi e difetti (e non è buono per forza come si vuole credere!) che potrà, come tutti gli altri esseri umani di questo mondo anche mandarvi a quel paese senza tanti complimenti!

Insomma amici cercare di sfatare tutti questi pregiudizi che vedono la persona disabile come una non - persona ma come un essere speciale, buono e coccoloso non è affatto semplice! Ed è per questo motivo che ha avuto inizio la mia missione su questo pianeta.

Ma .. cominciamo dal principio… Ovvero dalla mia venuta al mondo!

Come sono venuta al mondo

Sono nata il 18 Settembre 1985, i miei genitori Mario e Giuliana sin da alla mia venuta al mondo hanno dovuto dimostrare una notevole pazienza nei miei riguardi. Si perché appena nata iniziai già a creare scompiglio, chi si sarebbe mai aspettato che nel lontano 1985 sarebbe nata una bimba con Osteogenesi Imperfetta?

Osteogenesi Imperfetta … a quel tempo faceva paura soltanto sentirne o pronunciarne la parola. Oggi invece per fortuna i tempi sono notevolmente cambiati e non si trema più dallo spavento anche se, per certi aspetti purtroppo l'ignoranza è rimasta.

In quel periodo non ero però l'unica ad aver destato clamore a causa di una malattia genetica, con me anche Sara Ceccherini una ragazza di Bibbiena attualmente madre di un bambino meraviglioso residente in Kenya assieme a suo marito. Le nostre famiglie erano molto amiche e non perdevano occasione di consultarsi, è grazie a lei se ho potuto avere il mio primo deambulatore e se sono venuta a conoscenza che in Francia c'era qualcuno in grado di occuparsi di me e della mia malattia.

Comunque per tornare a noi diedi così scalpore che i giornali della città di Arezzo, la mia terra natale cominciarono a scrivere articoli su di me! Wow fin da piccola ero già una VIP pensate un pò!

Piccola e fragile ma con un carattere un pò peperino fin da subito e gli occhi che incuriositi si preparavano a osservare il mondo. Di me cosa posso dire? Che fin da piccolissima ho dovuto combattere e fare i conti con la vita, si perché appena nata ero piena di fratture, fratture che mi impedivano anche di muovermi e come mi si spostava scoppiavo a piangere.

Ricordo pochissimo della mia infanzia, di certo non posso ricordare quando mi trovavo dentro al pancione di mamma ma alcune cose ve le posso dire!

Posso dire che nonostante tutto ho avuto una bella vita molto felice e ricca di sorprese. La mia esistenza è stata un susseguirsi di eventi, di salite e di discese .. insomma è stata come un film!

Da piccola non ero di certo come sono adesso; che sono arrivata alla veneranda età di 31 anni! Ero chiusa e piuttosto introversa, passavo quasi tutte le mie giornate a disegnare e a inventare storie. Avevo una discreta fantasia non per vantarmi!

Ma procediamo per ordine!

Le mie battaglie sono cominciate quando avevo circa 2 anni, fin da piccolissima insomma! Solo che la differenza con quelle di adesso è che allora erano prettamente personali, riguardavano me insomma. Allora non combattevo ancora per abbattere le barriere architettoniche e i muri mentali della nostra società ma per avere una vita normale.

Si perché per realizzare ciò sono dovuta andare più e più volte in Francia, a Parigi e più precisamente a Roscoff, e farmi operare dall'esimio Dottor George Finidorì. I miei sono stati molto testardi ed è stato soltanto grazie allora che adesso ho una vita dignitosa e posso fare quello che fanno tutte le persone autonome.

Quando ero piccola ho girato praticamente dappertutto per visite, una bella rottura eh? Eh lo so ma è molto peggio che rompersi non trovate?

In termini medici; anche se li ho mai sopportati vi spiegherò in breve di che cosa si tratta la mia condizione; non amo chiamarla malattia!

L'Osteogenesi Imperfetta è una patologia genetica che colpisce prevalente il sistema scheletrico, in altre parole rende le ossa più fragili del normale. Esistono vari tipi di Osteogenesi Imperfetta; che da qui in avanti chiameremo O.i. per simpatia. Tra questi tipi ci sono forme più gravi e meno gravi, alcuni hanno problemi di udito, fino al punto da non sentirci (nel mio caso io invece ci sento anche troppo!!). E se ve lo dovessi spiegare in parole mie senza tutta questa inutile pappardella? Beh direi che l'O.I. è una condizione in cui uno nasce con le ossa più fragili, deve stare attento perché se cade si può fare male e con il tempo può avere altri problemi. Insomma senza tanti blablabla per certi aspetti è una bella rottura di scatole!

I problemi principali comunque li ho avuti in infanzia. Ero molto vivace dopo che mi fui operata e non stavo un'attimo ferma, pensate che una volta sono persino caduta dal triciclo! Ero un vero terremoto non c'è che dire!

Alla mia famiglia sarò per sempre grata, se non era per loro vai a capire dov'ero a quest'ora! E sono grata anche al dottor Finidorì che davvero non finirò mai di ringraziare

Tornando alla mia infanzia posso dire inoltre che nonostante tutte le visite e i vari viaggi in tutta Italia, non mi sono mai considerata una bambina infelice né sfortunata, anzi direi esattamente il contrario. Ho sempre trovato un lato positivo in ogni cosa. Ricordo ad esempio che ogni volta che mi dovevo operare entravo nella sala operatoria con il sorriso in faccia senza mai abbattermi, anzi e questo me lo confermano pure i miei genitori, facendo coraggio a tutti coloro che avevo attorno. Dicevo "Mamma non ti preoccupare" perché non volevo che lei stesse in pensiero per me.

Pensavo "Faccio in pisolino e poi sarà tutto finito". Ora che sono grande invece sono molto più paurosa! Ora come ora me la farei letteralmente sotto!!

Come già scritto sopra sono stata operata a Roscoff, un luogo completamente circondato dal mare. Di questo posto ricordo benissimo la calma assoluta e a tratti inquietante che pervadeva tutto quello che vi stava intorno e ricordo inoltre il senso di desolazione e solitudine che mi attanagliava ogni volta.

Un'altra cosa che ricordo della mia infanzia era che mia mamma era molto apprensiva e non voleva che giocassi con gli altri bambini a palla per timore che mi potessi far male. Ricordo tutto e poche cose al tempo stesso …

Ero un vero e proprio maschiaccio, non mi è mai piaciuto giocare con le bambole anzi le ho sempre odiate e alcune purtroppo finivano decapitate. Ehi dove state scappando? Tornate qua! Ok ero vivace ma non ero di certo una piccola Attila! Non mi piacevano le bambole e sopratutto le Barbie che posso farci?

Invece amavo i peluche e giocare con il paniere, un grande cesto di vimini contenente tanti animaletti di plastica, con i Minipony e inventarmi storie dove io salivo a bordo del Mazinga o di Goldrake!

Ne combinavo proprio di tutti i colori! Mio nonno Nello giocava spesso con me; giocavamo col paniere, con i soldatini, a dama, a scacchi e a carte e ogni volta che perdeva ci rimaneva male.

Ero così maschiaccio che indossare una minigonna o farmi le tipiche codine da bimba per me era un sacrilegio! Indossavo sempre i pantaloni e da quanto detestavo tutto ciò che fosse lontanamente femminile … pensate un pò!? Portavo il codino! Eh si avevo i capelli corti a caschetto e il codino da ragazzo, tanto che le vecchiette mi scambiavano spesso per un bambino.

Mi viene in mente un episodio in particolare, ero al Luna Park e dopo aver vinto ad un gioco, la signora addetta a quell'attrazione mi chiese se volessi una bambola o la pistola spara acqua… Beh indovinate un pò che cosa scelsi?

Per tornare a cose un pò più serie invece posso dire che ho dovuto subire vari interventi, tra questi l'inserimento di chiodi telescopici speciali nelle tibie, tra le altre operazioni ve n'è stata una al braccio destro, un paio alle gambe e la più complessa di tutte alla colonna vertebrale quando avevo 15 anni!

Pensate un pò che è stato il mio regalo di compleanno! Fantastico eh? In pratica mi hanno applicato un cerchio di ferro alla testa fissato con delle viti e collegato ad una trazione! Roba da fantascienza! L'operazione è durata circa 12 ore, immaginate l'ansia di mia mamma! Io ero tranquilla anzi devo dire che la convivenza con tal marchingegno è stata anche più semplice del previsto. Me lo scarrozzavo a destra e a sinistra fino al punto che eravamo diventati amici... o quasi!

Per questo intervento sono dovuta stare per molti mesi in un centro in Francia, ed è stata quella la parte più difficile, anche più dell'operazione stessa, perché ho sofferto molto la solitudine. Le notti passate lontano dalla mia famiglia e dall'Italia non me le dimenticherò mai. E' dura fare amicizia quando sei l'unico italiano in terra straniera, quando tutti sembrano averti abbandonato, è stata davvero dura...

La convivenza con le mie compagne di stanza non è stata delle più felici, sembravano quasi invidiose di me perché avevo mia mamma; che nonostante non potesse dormire con me era presente, mentre per loro non era lo stesso.

La mia famiglia non mi ha mai fatto sentire troppo nostalgia di casa visto che mio papà spesso mi mandava dei regali dall'Italia tra cui giocattoli, libri e dolciumi vari e ogni volta che li ricevevo era una gran festa. Ho persino dovuto frequentare una scuola a Roscoff e anche lì all'inizio ho riscontrato dei problemi perché ero l'unica che parlava in italiano; anche se c'è da dire che dopo che passi un periodo così lungo fuori dal tuo paese quasi ti dimentichi della tua lingua madre. A scuola non andavo molto, non mi piaceva molto frequentare quelle lezioni, i professori erano tutti svampiti e alcuni molto severi. Non sono mai riuscita a stringere amicizia con nessuno dei miei compagni di classe, erano tutte ragazze e mi sembrava sempre che mi guardassero storto perché non ero come loro.

Una cosa bella della mia permanenza in Francia era la grande stanza adibita a Sala dei giochi dove stazionavano un bellissimo Super Nintendo con relativi giochi e l'Ordinateur ovverosia il Computer che ho imparato ad utilizzare proprio lì!

Ogni volta che potevo infatti me ne impossessavo scatenando le ire delle mie simpatiche compagne di stanza. Queste non perdevano tempo a rifarsi cercando di farmi mille dispetti soprattutto quando dormivo, ascoltavano le canzoni a tutto volume e facevano la lotta con i cuscini e quando mi fu regalato un "Tamagotchi" non persero occasione per giocarmi un altro dei loro tiri mancini, mettendomi l'apparecchio sotto al cuscino e facendomi svegliare di soprassalto.

Per imparare la lingua non ho faticato molto, ero molto curiosa di sapere come si dicesse quel tale oggetto in francese e non perdevo occasione di chiederlo. Eccome come ho imparato!

Addirittura mi ricordavo così poco l'italiano che quando mi telefonava il mio babbo o mio fratello Mirko rispondevo con un francese "Allò?" al posto del consueto "Pronto?"

Quando tornai a casa, dopo tanti mesi fui accolta dalla mia famiglia e dai miei parenti, tra cui cugini e zie con un bellissimo striscione con la scritta "Bentornata Ilaria". Fu un'emozione davvero grandissima che non dimenticherò mai e che ancora oggi se ci ripenso mi batte forte il cuore. Quel giorno fu proprio una gran festa e cominciai a raccontare in italiano striminzito, poiché non me lo ricordavo più, tutto quello che mi era successo.

Devo dire che l'intervento, nonostante sia stato molto complesso e lungo mi ha molto giovato, si perché dovete sapere che prima di allora la mia colonna vertebrale aveva la forma di una "S" e invece adesso posso dire di stare bene e non aver più quei dolori atroci alle anche che sentivo una volta.

Dopo tutte queste operazioni finalmente ho una vita normale, posso stare seduta e fare tutto quello che fanno le persone "normali"

Normali…

Che cos'è la normalità però? Io non mi sono mai considerata normale, anzi! Sono felice di essere eccentrica e a volte anche di essere vista come "Quella che da noia"

Se volevo essere normale non pensate che non avrei dato scandalo appena nata? :)

Eh beh invece ho iniziato già subito a far casino!

Oggi ho 31 anni e posso dire di essere fiera di dove sono arrivata adesso, della vita che ho avuto e delle persone intorno a me che mi hanno sostenuto in questo cammino chiamato Vita…

Sono cambiate molte cose da allora….

Non sono più una bambina nonostante la mia altezza; sono alta 105 cm e ne sono fiera, il mio carattere sopratutto è cambiato. Come vi dicevo, prima ero introversa e piuttosto chiusa e stavo molto nel mio mondo, ma le vicissitudini mi hanno portato a cambiare.

Una cosa in particolare mi ha portato ad essere così come sono adesso. L'esperienza delle scuole medie.

Si comincia a "crescere"

Crescita …

Questa parola non intende soltanto una crescita in senso fisico. I bambini quando arrivano ad una certa età crescono, cominciano a camminare prima con l'aiuto dei propri genitori poi pian piano staccano le mani e iniziano a muovere i primi passi da soli, col passare del tempo si sviluppano in altezza e sviluppano il proprio corpo. Crescono insomma. Questa però è la crescita dei bambini considerati normali … Beh nel mio caso non sono esattamente cresciuta in altezza; sono rimasta un tappo e un barattolo anche se il mio corpo si è sviluppato lo stesso, ma nel mio caso è stato un altro tipo di cresciuta, quella Interiore.

Voglio procedere con ordine altrimenti rischio di confondervi le idee con tutte queste lungaggini.

Che cosa intendo per crescita interiore? Quando si parla di crescita interiore di solito ci si riferisce ad una sorta di Evoluzione, beh è stato proprio così per me in effetti! Ho subito una vera e propria Evoluzione! Una crescita non nel corpo ma nella mente e sopratutto interna. Una crescita per certi aspetti dettata dalle circostanze, per altri aspetti un pò forzata ma comunque necessaria per andare avanti nella vita.

Alle scuole medie ho subito del bullismo, avevo una classe intera a trattarmi male. Mi offendevano nei peggiori dei modi, mi dicevano "handicappata", "mongoloide" e mille altri termini carini e simpatici che possono essere usati per etichettare una persona diversa dalla norma. Mi facevano dei dispetti, anche piuttosto pesanti, divertendosi ad esempio a mandare la carrozzina contro il muro… con me sopra! E saltuariamente trovavo le gomme bucate… insomma me ne combinavano di tutti i colori!

Durante quel periodo non avevo molti amici, le uniche amicizie che avevo si potevano contare sulle dita di una mano. Lo stesso è stato alle elementari anche se non subivo del bullismo avevo sempre pochi amici, tra questi la Francesca e la Valentina.

Ogni giorno era una tortura per me frequentare le lezioni; nonostante mi comportassi da maschio non ero inserita nel gruppo, anzi erano proprio i ragazzi gli artefici dei mille dispetti nei miei confronti! Avevano come dire formato una banda ed io ero sola, completamente sola e inerme. Piangevo spesso e non osavo ribellarmi più di tanto, nemmeno a parole perché ero sempre insicura. Persino durante le interrogazioni non riuscivo ad andare bene poiché balbettavo e spesso facevo brutta figura diventando tutta rossa e quando mi emozionavo mi venivano delle chiazze paonazze sul viso e sul collo. Era davvero imbarazzante!

I miei genitori vedendomi sempre triste e impaurita non ci pensavano due volte a difendermi, sopratutto mio papà!

Una volta, un ragazzo di cui non faccio il nome per questioni di privacy ma che chiameremo S. mi minacciò dicendomi che mi avrebbe spaccato gli occhiali all'uscita da scuola, terrorizzata chiamai mio papà che convocò anche il suo e se ne dissero quattro. Con il tempo però mi stancai di subire soltanto e qualcosa dentro di me cominciò a reagire. Sentii come una sorta di forza e una voce che mi parlava. "E' ora di smettere di subire e di piangere! Comincia a tirar fuori le unghie!" urlò quella voce. Forse era perché non ne potevo più che l'avevo sentita o forse era qualche coraggio nato dentro di me, ma provai a darle retta e a poco a poco cominciai a rispondere provocando però ilarità e stupore nei miei compagni che contrariamente alle mie aspettative non smisero affatto di prendermi in giro.

Nonostante tutto però mi sentivo più forte, avevo imparato a rispondere e non dovevo più soltanto incassare il colpo. Era già qualcosa no?

Ero felice e cercai di finire le medie nel miglior tempo possibile.

Potevo finalmente tirare un sospiro di sollievo. Ce l'avevo fatta! Ero riuscita a uscire da quell'inferno! Non mi fraintendete, i professori erano bravi chi più e chi meno ma andare avanti per 3 anni di fila subendo del bullismo non è facile per nessuno. Anzi, mi sento di darvi un consiglio, non fate come me .. non accusate e basta i colpi, non tenetevi tutto dentro, cercate appena possibile se state subendo del bullismo di parlarne con qualcuno, se ritenete che la vostra famiglia possa aiutarvi parlatene con loro, di certo vi capiranno. E' brutto tenersi tutto dentro e credere che nessuno ti possa aiutare. Credetemi io lo so bene… Ed è brutto essere offesi per una cosa che non si è chiesta, non ho chiesto io di nascere con l'Osteogenesi!

Non mi sono mai lamentata per come sono, anzi come ho già detto mi considero una persona molto fortunata per quello che ha e per quello che è riuscita a ottenere ,ma subire del bullismo quando non si è consapevoli ancora delle proprie capacità è davvero brutto.

Fortunatamente dentro di me forse sono sempre stata di carattere forte e deciso, mi considero una sorta di leonessa; badate bene però che non sono indistruttibile! Se fossi stata diversa da come sono probabilmente forse l'avrei fatta finita; purtroppo ci sono tante persone che non sono riuscite a contrastare questi atti di bullismo e quando ci penso me ne rammarico parecchio.

Contrariamente a quanto si possa pensare però, non sono soltanto i maschi a fare del bullismo ma anche le ragazze! Nel mio caso ricordo che quando era ora di Educazione Fisica tutte le volte era una tragedia, perché nonostante fossi una ragazza non mi permettevano di spogliarmi negli stessi spogliatoi insieme a loro.

A questo punto allora direte … "Ma allora la tua disabilità in senso fisico quali problemi ti ha creato?" Beh a dir il vero proprio nessuno, perché ho sempre cercato di fare le cose che facevano gli altri nonostante fosse pericoloso, anche se lo ammetto ero piuttosto pigra e spesso questo sentimento mi pervadeva.

Purtroppo però risultare come gli altri non era facile e non lo è mai stato, per fare un esempio, al banco non ci arrivavo e me lo dovevo far adeguare alla mia altezza con le gambe segate per l'esattezza e questo era una nuova occasione per scatenare altri atti di ilarità e bullismo da parte dei miei cari compagni.

Le superiori invece sono andate decisamente meglio.

Ho frequentato l'"Istituto Tecnico Professionale per il Turismo e il Commercio Giorgio Vasari di Arezzo". L'istituto, come dice il nome stesso disponeva di due indirizzi da poter scegliere, la parte turistica e quella commerciale. Io scelsi la seconda perché mi piacevano molto le materie informatiche; anche se forse era meglio se sceglievo la parte turistica visto che sono sempre stata una frana in tutte le materie matematiche ed economiche.

Con i professori mi sono sempre trovata bene, a parte con quelli di Matematica ma sorvoliamo che è meglio, e lo stesso posso dire con i miei compagni e compagne di classe.

Il primo giorno di Superiori me lo ricordo bene, ero tesa molto tesa e impaurita al pensiero di ciò che mi poteva attendere, all'inizio non è stato facile fare amicizia ma piano piano ci sono riuscita anche se, come al solito con una ristretta cerchia di persone. Per l'esattezza i miei amici più cari erano Gabriele detto il Cardo e la Denise una ragazza con cui ho perso ogni contatto e che studiava molto; sicuramente molto più di me che sono sempre stata svogliata. Con loro, sopratutto con il primo mi sono sempre trovata bene, chiacchieravamo di un pò di tutto e ci divertivamo a scarabocchiare il banco con le nostre partite a tris.

Il primo anno di queste scuole lo ricordo con grande gioia perché è stato un vero e proprio spasso!

Ero davvero una piccola peste non esagero! In classe non c'ero praticamente mai, se mi volevi trovare mi cercavi nelle classe altrui e talvolta mi spacciavo per una studentessa di quella data aula sopratutto quando i professori facevano l'appello.

Ricordo bene la mitica classe I° C, lì ero praticamente un mito vivente, quando entravo gridavo "Ciao a tutti belli e brutti" e venivo accolta come se fossi una di loro. Era bellissimo. Combinavo davvero un sacco di marachelle, a volte mi divertivo persino a passare con le ruote della carrozzina nel pavimento che la Pina, la bidella della scuola aveva appena pulito. Chissà quanto mi ha maledetto! Ero un maschiaccio in tutto e per tutto e la parola "femminilità" non era contemplata nel mio vocabolario.

Mi rivedo molto nel personaggio di Lady Oscar perché da piccola nasce come un maschio, per volere del padre, ma piano piano dentro di sé scopre la sua parte femminile. Beh io sono proprio così, una piccola Lady Oscar!

Comunque bene o male le Superiori sono trascorse in tutta tranquillità, purtroppo però come al solito il mio rapporto con le persone del mio stesso sesso non è mai stato granché nemmeno allora. Non so per quale motivo, ma forse tutto è sempre dipeso dal mio carattere un pò mascolino ma non sono mai stata riconosciuta dalle mie simili più di tanto, ma non mi importa, anche se lo trovo assurdo visto che sono una donna anche io!

Una volta andammo in gita e lì per riuscire a partecipare ho dovuto combattere non poco; forse è stata quella la mia prima vera battaglia a favore dei diritti delle persone disabili!

Perché ho combattuto? Sicuramente ve lo state chiedendo. E' presto detto! Perché per le persone in carrozzina è sempre stato difficile partecipare alle gite scolastiche, al limite si può partecipare a quelle di un giorno con andata e ritorno la sera stessa ma se si volesse partecipare a gite che richiedono di passare la notte fuori la cosa non è così semplice come si crede. Tanto per dirne una, era richiesta la figura dell'Insegnante di Sostegno o anche quella del Genitore o addirittura entrambe e infatti quando andammo in gita con la scuola dovette venire con me anche mia mamma. Da una parte vi lascio immaginare il mio imbarazzo, ma visto che non c'erano altri modi almeno ho partecipato e mi sono pure divertita molto!

Del resto ho sempre cercato di non negarmi nulla perché ho sempre apprezzato la vita e amo viverla al massimo, a 360°!

Sono dell'idea che volere è potere e se mi metto in testa una cosa cerco di ottenerla con ogni mezzo possibile anche se so che rischierò di farmi male o farò preoccupare le persone che ho intorno. Forse sarà incoscienza la mia, forse penserete di me che sono una squilibrata o che sono egoista perché non penso a chi voglio bene … Beh pensatela pure come volete, questa sono io e se voglio essere felice, ed è quello che voglio, devo fare così anche a costo di andare contro tutto e tutti. Mi voglio bene tutto qua!

Arrivata al terzo anno visto che stavo rischiando di bocciare decisi di mettere la testa a posto.

"Niente più pagliacciate!" mi sono detta.

Sapete… se uno si comporta in un certo modo questo non significa che sia stupido o che si diverte a dar noia in classe. Non è sempre così, vi possono essere infinite ragioni.

Nel mio caso tutto quello che facevo e tutti i dispetti che combinavo avevano un loro scopo, e dopo averci riflettuto sono arrivata a capire quale fosse. Volevo a tutti i costi che mi si accettasse per come sono e sentirmi finalmente parte di un gruppo!

In effetti il sistema funzionò brillantemente, mi misi a fare le imitazioni di Vasco Rossi e di altri cantanti, a raccontare barzellette, tutto questo e molto altro e in breve divenni l'idolo di tutti, anche della mia classe!

Le ragazze però, come vi dicevo mi hanno sempre ignorato e misconosciuto nel loro gruppo. Persino quando c'era da lavorare in squadra trovavo delle difficoltà, loro stavano tutte assieme a parlare di argomenti che a me non interessavano proprio per niente (ragazzi, sesso e cose simili) e a spettegolare, spesso facevo presente questo problema agli insegnanti ma non tutti riuscivano a capire il mio disagio.

Nella mia classe c'era anche un ragazzo con problemi di udito, che portava un apparecchio per sentirci meglio, si chiamava Gabriele ed era spesso preso in giro da tutta la classe. Ci rimanevo sempre male ogni volta che le ragazze approfittavano di lui e del suo buon cuore per farsi fare dei regali anche molto costosi, come rose, cioccolatini gioielli e altro. Ho sempre cercato di difenderlo dai loro attacchi e dalle loro angherie ma spesso lui stesso; forse perché non si rendeva molto conto mi dava contro e mi offendeva.

Una volta alle superiori mi sono ritrovata praticamente tutta la classe contro e sono scoppiata in lacrime davanti a tutte. E' stata una delle più grosse umiliazioni della mia vita!

Forse vi starete chiedendo perché vi racconto queste!? Beh sappiate, e ci tengo a precisarlo, che non lo faccio né per vendetta né per farmi compatire. Affatto! Non amo i pietismi e la compassione. Sono un tipo che scrive e dice tutto quello che gli viene in mente, non ho peli sulla lingua e cerco sempre di essere sincera sia nel bene che nel male. Se poi dico qualcosa di scomodo beh esistono i paraorecchie o i tappi! Come dico sempre chi mi ama mi segua!

Tornando al nostro racconto, in classe eravamo quasi tutte femmine e pochi maschi, e indovinate un pò con chi passavo più volentieri la maggior parte del mio tempo?

Con le ragazze non ho mai trovato nessun argomento interessante di cui parlare, non mi interessava parlare di sesso di ragazzi o di tutte quelle cose là, io ho sempre amato parlare di videogiochi, di calcio, di libri, di film ecc…

E infatti spesso facevo certi dibattiti sulla Juventus che non finivano mai! Ero una vera fan juventina! Pensate un pò che quando la Juve vinceva la Coppa oppure il Campionato, senza nessun pudore andavo a scuola vestita di tutto punto con i colori della mia squadra del cuore. Sono matta non è vero? E mi divertiva anche dare contro agli sfegatati milanisti e interisti nostri nemici giurati!

Durante gli esami ho sempre fatto la classica "figura di merda"; si perché dovete sapere che ogni volta mi faccio prendere dall'emozione. Il giorno del fatidico esame di maturità; dove avevo per la prima volta studiato come una matta, faceva molto caldo, ed eravamo come al solito tutti tesi, tutte le ragazze erano sedute per terra nel corridoio, mentre io con i miei amici di sempre in un piccolo gruppetto come al solito.

Quando fu chiamato il mio nome ricordo ancora l'ansia che provai, avevo portato un sacco di argomenti ma non mi vennero chiesti tutti. Miracolosamente riuscii ad andare bene anche a Matematica, e a Economia Aziendale dove per mia grande fortuna ci chiesero di fare dei temi. "Finalmente una cosa in cui vado bene" pensai.

Per farla breve finii le scuole superiori con un discreto 75! Il mio amico fu bocciato e me ne dispiacque davvero molto, mentre la Deny venne promossa; e ci credo stava sempre a studiare giorno e notte!

Fui molto soddisfatta del mio voto e dopo aver salutato tutti con grandi abbracci e baci; sopratutto i prof, tornai a casa felice.

Da allora sono dovuti passare tanti anni prima che mi rimettessi a studiare …

Nel frattempo ho fatto un'altro tipo di esperienza, il lavoro.

Il mondo del lavoro

Prima di parlare di questo è necessario fare una premessa.

C'è chi mi ha sempre accusato di non aver idea di che cosa significhi lavorare, o che non so nemmeno che cosa voglia dire la parola stessa. Beh vi sbagliate di grosso care persone ignoranti!

Purtroppo si pensa ancora che chi ha una disabilità debba stare per forza a casa e non possa lavorare oppure che sta tutto il tempo a non far nulla e che se trova un lavoro è bene perché almeno fa qualcosa. Scusate un pò eh ma questo chi lo dice? Sta scritto da qualche parte?

Ah beh certo che se lo dice la televisione o i giornali allora sii è vero! I disabili poverini non possono mica lavorare! Non sia mai!

Bene, di nuovo voglio sfatare un altro mito che "ci" vede come dei disgraziati nullafacenti.

Mi rivolgo a queste persone povere culturalmente …

Dovete sapere cari miei che la qui presente ha lavorato per ben 7 anni e 6 mesi! Quindi non è che me ne stavo tutto il giorno a letto a oziare!

Ho lavorato eccome se ho lavorato! Più precisamente ho lavorato come centralinista in un Centro per persone con vari tipi di malattie, tra cui il Parkinson e la malattia di Alzheimer!

Dovete sapere che il mio povero nonno Nello nel lontano 2001 se non ricordo male, si ammalò. A poco a poco cominciò a non ricordarsi nulla di quello che faceva e a volte non si ricordava nemmeno come mi chiamavo, tant'è che la diagnosi fu presto fatta. Alzheimer!

La mia famiglia purtroppo non riusciva più a gestirlo perché ne combinava di cotte e di crude e fummo costretti a farlo entrare in un centro. Il colmo dei colmi è stato che per qualche scherzo del destino quel centro sarebbe dopo qualche anno diventato il mio posto di lavoro.

Quando morì mio nonno fu un duro colpo, ci ero davvero molto molto affezionata. Mi aveva insegnato tante cose sulla natura e raccontato sempre delle belle storie.

Amavo stare ad ascoltarlo quando mi parlava della guerra e dei tempi passati. Allora sembrava tutto più semplice e bello …

Mi piaceva passare le giornate con lui a giocare a Briscola, Rubamazzo e Scopa! Nonno Nello non era originario di Arezzo ma di Palazzo del Pero proprio come mia mamma, più precisamente in località La Salceta e spesso andavamo a trovarlo.

Facevamo delle belle scampagnate tutti insieme oppure andavamo a pescare. L'ultima gita in cui lo ricordo in vita fu a Ponte Buriano durante un bel pomeriggio di sole.

Quando venne a mancare si trovava in Ospedale ad Arezzo per via di una brutta caduta con conseguente rottura del setto nasale avvenuta in quel centro. Morto mio nonno sentii subito un grande vuoto a casa, vuoto che rimane tutt'ora sopratutto quando vado in quella che una volta era la sua camera. In qualche modo quando osservo la sua foto è come se fosse ancora qui con me. Mi piace pensare che da qualche parte le persone che non ci sono più siano diventate degli Angeli Custodi pronte a proteggermi e forse è proprio così....

Dopo molti anni dalla sua morte tutto mi sarei aspettata ma mai che mi sarei ritrovata a lavorare lì.

Lavoravo all'Rsa Maestrini di Arezzo, come ho detto, con mansioni di segretaria e centralinista, anche se amavo fare tante altre cose. Andavo in magazzino a scaricare i pacchi di materiali come guanti, cuffie e grembiuli per gli operatori OSS e ADB, portavo i prelievi di sangue in farmacia, consegnavo i menù di cosa mangiavano gli ospiti, spedivo fax e tanto altro ancora.

Le mie mansioni di centralinista a dir il vero non mi piacevano molto, anzi non perdevo occasione, appena potevo per sgattaiolare fuori dal mio ufficio e stare un pò in compagnia degli anziani. Ho imparato davvero tanto grazie a loro e alle loro storie, erano un pò come altri nonnini per me!

Ci facevamo tante risate insieme! All'inizio venni presa in prova, grazie all'aiuto di Massimiliano e alla Cooperativa Castiglionese che si occupa di far lavorare persone con disabilità, in pratica feci un tirocinio che durò un bel pò per vedere come mi trovavo e forse per testare le mie capacità, poi con il passare del tempo diventai un vero e proprio operatore.

Anche lì purtroppo ho spesso avuto problemi nel socializzare con gli altri operatori e operatrici, ma semplicemente perché non mi interessavano le chiacchiere banali da lavoro e ho sempre amato i discorsi più complessi.

Purtroppo questo mio carattere così anticonformista non mi aiuta affatto a stringere amicizia anzi spesso mi ostacola, ma ho sempre pensato che è meglio avere pochi amici ma buoni e sinceri! Gli amici veri, e questo l'ho capito da tempo purtroppo si possono contare sulla punta delle dita, tutti gli altri non sono classificabili come tali ma sono per lo più conoscenti.

Particolari problemi li ho riscontrati purtroppo con alcuni cosiddetti "educatori", lo scrivo tra virgolette perché a mio avviso non si possono definire tali. In particolare uno soltanto, di cui non voglio fare il nome ma che chiamerò P. che durante tutti i miei anni di lavoro mi ha fatto molto soffrire.

"E cosa ti ha combinato di così grave?" vi starete probabilmente chiedendo. Ve lo spiego subito e cercherò di essere breve anche se non è così semplice e ancora oggi a ripensare a certi episodi mi viene il "magone".

Mi soffermerò su uno in particolare che rimarrà per sempre vivido nella mia mente per quanto mi ha toccato. Prima di parlarvene però, non mi odiate ma è necessario aprire di nuovo una piccola parentesi e soffermarsi sul ruolo che l'educatore in teoria dovrebbe rivestire.

Come dice la parola stessa "Educatore" dal latino "educere", ovvero edu - care, "prendersi cura di. E' esattamente questo ciò che dovrebbe fare un Educatore professionale, prendersi cura delle persone che si trova davanti e dar loro un modo alternativo di vivere la loro vita. Beh il caro P. anche se era riconosciuto professionalmente come tale, credetemi non lo era affatto. Perché tu non puoi arrivare in un posto di lavoro che ti girano perché hai problemi a casa e sfogarti sul primo malcapitato che incontri (in questo caso la sottoscritta), e cominciare a dare calci alla sua carrozzina o offendere in tutte le maniere possibili. No, non è questo il comportamento che deve tenere un'educatore. Non può portarsi i problemi al lavoro e usare gli altri come capri espiatori. Purtroppo però è esattamente questo che faceva con me!

La mattina era sempre nervoso e come ho già detto si divertiva a prendersela con le ruote della mia povera carrozzina elettrica, cosa ti avrà fatto di male io non lo so! Ma fosse stato solo questo il problema. Ritornando un pò al nostro racconto vorrei raccontarvi quel particolare episodio di cui ho scritto sopra.

Era una bella giornata di sole, come sempre ero di buon umore e avevo fatto il consueto giro per salutare tutti gli anziani e dare loro il buongiorno; ma la mia allegria venne presto distrutta da P, che senza alcun preavviso; e non so che cosa gli fosse scattato nel cervello, levò i freni dalla mia carrozzina elettrica, mi portò nella stanza adibita alla pausa per gli operatori e con grande precisione e meticolosità si preoccupò di creare una sorta di barriera a mo' di muro con le sedie davanti a me per poi andarsene, chiudere la porta e lasciarmi lì. Un bello scherzetto davvero non trovate?

Cominciai a urlare come una pazza; e forse mi avranno sentito anche ai piani superiori ma lì per lì non me ne importò un bel niente, per la prima volta ebbi davvero paura di dov'ero, ero al lavoro era vero e forse non mi sarebbe successo niente, ma ero stata messa davanti alle mie difficoltà di essere autonoma. Che cosa avrei potuto fare in quella situazione? Non potevo di certo scendere e levare i freni; primo perché avrei dovuto spostare tutte le sedie, e ciò mi sarebbe costato una gran fatica, e secondo perché avrei rischiato seriamente di cadere o di farmi male. Così feci l'unica cosa fattibile, urlare e strepitare. Dopo un pò P, forse stanco di sentire le mie urla e ormai appagato dal suo divertimento decise di tornare e di "liberarmi", in effetti ne era molto divertito, io un pò meno ma grazie ad esso ho capito una cosa, che lì non sarei rimasta ancora per molto, ne andava della mia sanità mentale e anche di quella fisica.

Comunque ci sono tante altre cose che potrei raccontarvi di quando lavoravo ma mi soffermerò su quelle che più mi hanno colpito.

Ricordo ad esempio che sovente capitava che i responsabili della struttura andassero in gita assieme agli anziani e a tal proposito mi lasciassero le chiavi dell'intera struttura! Avete capito proprio bene!! Di tutto il centro compreso il magazzino! Ricordo bene il mio stupore e non nascondo anche una certa paura la prima volta che capitò, che dire? E' una bella responsabilità! Mi spiegarono tutto per filo e per segno facendomi mille raccomandazioni di non dare le chiavi a nessuno qualsiasi cosa fosse successa e soltanto in casi di grave emergenza. Ho sempre cercato di rispettare tutto alla lettera per non deludere le loro aspettative ma a volte non era per niente semplice. Complice il senso di responsabilità e complice anche il fatto che ogni tre per due qualcuno; operatori compresi mi chiedevano le chiavi per accedere a qualche stanza e dovevo sempre rifiutare, non era molto facile mantenere i patti. A volte poi capitavano degli imprevisti; come quando i capi erano assenti e uno degli anziani rimase chiuso in ascensore. Tutti andarono nel panico ma io cercai di non farmi cogliere impreparata e mi affrettai a chiamare subito i pompieri che accorsero prontamente e per fortuna tutto si risolse per il meglio, oppure quando uno degli anziani si sentì male e io gli stetti vicino mentre aspettavamo l'arrivo dell'infermiera. Insomma per farla breve sono stati dei bei momenti, eccetto alcune eccezioni come P per dirne una, anche se dire che era il lavoro dei miei sogni è dire una parola grossa. Come in tutti i lavori e in tutto i luoghi del mondo ci sono stati dei problemi. Un'altra cosa problematica è stato il rapporto con la mia responsabile Mi hanno sempre messo una certa soggezione le persone di carattere dominante e autoritario e lei mi incuteva un certo timore. Non ero la sola oltretutto ad avere problemi con lei, anche gli altri operatori e operatrici si lamentavano. Comunque ci tengo a dire che non è che non andavo d'accordo con nessuno! Anzi ricordo con gioia i fisioterapisti Massimo e Fulvio, la Daniela che si aggiunse in seguito, l'Antonella, la Elena, la Ramona, la Michela, la Roberta e le altre.

Per fortuna c'erano loro con cui si poteva parlare di tutto altrimenti si che sarebbe stata dura!

Sapete … non ho mai creduto ne ho mai sopportato le gerarchie, sono sempre stata dell'idea che siamo tutti uguali e siamo tutti parte di questo pianeta, tutti siamo esseri umani insomma e quindi non capisco perché debbano esistere le gerarchie. Voglio dire … solo perché sei il mio capo o la mia capa questo non ti da nessun diritto di trattarmi a pesci in faccia. Dico bene? E infatti sempre a causa del mio carattere ribelle ho avuto diversi problemi. Una volta mi fu intimato con un bel discorsetto che dovevo a tutti i costi cambiare perché il mio comportamento non era professionale; nonostante avessi cercato di spiegare che io sono così e che non mi metto maschere né al lavoro ne in nessun altro posto e che gli anziani mi apprezzavano proprio per questo mio essere autentica, non ci fu verso e venni duramente rimproverata.

I problemi più grossi sono arrivati in seguito.

Che cosa successe nel dettaglio non posso raccontarvelo ma vi posso dire soltanto che non ero più felice. Non mi svegliavo più con quella gioia come a dire "Che bello! Inizia un'altra giornata lavorativa!". No, non era più così anzi! Mi pesava tutte le mattine dovermi alzare, non era più il lavoro dei miei sogni.

Non era a causa di aver svolto lo stesso lavoro per tanti anni, il motivo era un altro e qui non mi vergogno a dirlo, anzi voglio che si sappia il motivo che mi ha poi portato in seguito a licenziarmi.

Dovete sapere che qualche anno fa ho avuto una storia con un ragazzo di un paese vicino ad Arezzo, siamo stati insieme per ben 5 anni e mezzo; all'inizio tutto bene ma poi per varie vicissitudini che spiegherò in seguito lui mi ha lasciato. Dovete sapere inoltre che mentre ero fidanzata con lui successe un fatto, in pratica ebbi una brutta caduta un pò per distrazione sua e un pò per testardaggine mia nel voler fare tutto da sola e mi ruppi il femore.

Fui costretta a letto per ben 5 mesi durante i quali cercai di riprendermi nel più breve tempo possibile; immaginate la pazienza dei miei genitori e la fatica nel dovermi accudire! Quando finalmente la frattura; che non ne voleva sapere di rinsaldarsi, guarì, tornai felice al mio posto di lavoro convinta che avrei trovato tutto come lo avevo lasciato.

NIENTE DI PIU' SBAGLIATO!

Eh no cari miei perché durante quel lasso di tempo ne erano successe di cose!

Intanto il mio responsabile era stato ingiustamente mandato via ed era rimasto solo la mia responsabile, ma fosse solo questo! Beh indovinate un pò che cosa mi hanno combinato? E' presto detto miei cari amici, è semplice! Al mio posto ho trovato un'altra ragazza!

Immaginate un pò il mio sgomento! Lì per lì ho soltanto chiesto spiegazioni e ho pensato cercando di dare il beneficio del dubbio "Mah sarà lì temporaneamente" in fondo qualcuno dovevano pur metterci mentre io non c'ero no?

Beh sono stata un'illusa. Perché? Perché dopo molti giri di parole mi è stato candidamente spiegato, assieme anche alla mia ex assistente sociale che dovevo lavorare assieme a quella persona.

Giustamente non potevano mandarla via, in effetti non sarebbe stato nemmeno carino nei suoi confronti lo so, ma la cosa che mi aveva più ferito è che non mi avevano nemmeno avvisato!

Non ci ho visto più e così ho cominciato a tirar fuori tutta la mia grinta e sbraitando ho caldamente detto che mi avevano sostituito, e che non ci avevano pensato nemmeno due volte dopo tutti quegli anni al loro servizio.

Lei, la mia responsabile, ha cercato di rabbonirmi spiegandomi che tutto questo faceva parte di un progetto chiamato "Giovani Si" e che non dovevo arrabbiarmi tanto ma provare a lavorare assieme a lei.

Calmata la mia rabbia decisi di darle ascolto.

"Ma si! Proviamo! Che vuoi che succeda? Magari lavoriamo bene assieme!"

Nulla di più sbagliato. Dopo aver tentato qualche settimana non ero affatto soddisfatta, senza contare il fatto che gli scherzi e le ingiustizie nei miei confronti non cessavano. Stufa di tutto questo decisi di rivolgermi ai Sindacati che però mi dissero che servivano delle prove per portare avanti un'accusa del genere.

Mi munii persino di un registratore vocale ma non ci fu niente da fare.

In breve tempo dopo averci molto riflettuto decisi che avrei potuto tentare una nuova strada … tornare a studiare!!

Quella era davvero l'ultima cosa che pensavo di poter fare, tornare all'università. Io? Che non ho mai studiato granché in vita mia e nemmeno ne ho mai avuto tanta voglia?

Decisi così di iniziare a cercare delle scuole da poter frequentare. Prima di licenziarmi però provai a portare avanti entrambe le cose, studiare e lavorare nello stesso tempo ma non mi riuscì e poi come ho già detto non mi trovavo più bene, la delusione era stata troppo grande per me. Una bella batosta non c'è che dire!

Un bel giorno, dopo aver preso il coraggio a quattro mani, consegnai la mia lettera di licenziamento. Mi mandarono via senza tanti giri di parole, senza baci né abbracci ne saluti da parte di nessuno sopratutto da parte delle operatrici; puntualizzo che non erano di certo tutti così, molti di loro erano persone stupende. La cosa che mi è dispiaciuta di più del mio licenziamento non è stato tanto il dover lasciare il posto di lavoro e rinunciare anche allo stipendio, ma è stato il fatto che non avrei più rivisto i miei amati vecchietti. Quando ti separi da qualcuno è sempre molto doloroso, in un certo senso è stato una sorta di abbandono anche se non definitivo, ma non voglio rovinarvi la sorpresa.

Ero legata a ciascuno di loro, alla Rosa, alla Paola; che purtroppo non c'è più, all'Anna, a Vincenzo, alla Lucia, alla Norma, ad Aldo, a Checco …insomma a tutti. Ognuno di loro era ed è speciale per me e mi hanno insegnato molto più di tutti i lavori del mondo, mentre non posso dire di provare lo stesso sentimento per le altre persone purtroppo ma comunque non mi pento di aver fatto quest'esperienza.

Forse vi chiederete "E i tuoi genitori come hanno preso il tuo licenziamento"? Beh lì per lì non molto bene perché non portavo più i soldi a casa ma poi vedendomi più felice si sono rallegrati anche loro.

Sapete … a causa del mobbing non ero più quella di prima. A pranzo non mangiavo niente, anzi spesso nei peggiori dei casi vomitavo anche e passavo ore e ore a piangere, solo la mia famiglia riusciva a capirmi e il mio ragazzo prima che si allontanasse del tutto da me.

Il mobbing somiglia al bullismo, diciamo anzi che è un atto di bullismo solo che viene fatto al lavoro e non nelle scuole. Del bullismo ne parleremo più avanti. Posso dire che non è tanto bello subire del mobbing; ti danno dei lavori umilianti del tipo strappare un foglio o anche pericolosi a volte e nei peggiori dei casi il lavoro che fai; come succedeva a me molto spesso, te lo ritrovi nel cestino e ti si accusa che non lo hai fatto.

E' umiliante e degradante per la persona.

Non mi pento di essermi licenziata quel che mi pento invece è di aver in qualche modo abbandonato le persone a cui tenevo a loro stesse, mi sento come se avessi fallito una missione.

Ovviamente non ci sono stati soltanto momenti brutti nel posto dove lavoravo anzi! Ricordo tantissimi momenti felici e divertenti, come quando andavamo con gli ospiti della struttura a pranzo "Al Rintocco" un ristorante di S. Zeno; un paese vicino ad Arezzo, gestito da ragazzi con disabilità, si mangiava molto bene! Oppure quando si partì insieme in gita ai Laghi della Tranquillità e ci mettemmo a pescare. Che risate quel giorno!! Abbiamo fatto tante gite e sono state molto belle e spensierate.

Sono rimasta in buoni rapporti con il mio ex responsabile Massimiliano e a volte lo sento, siamo amici insomma. Con gli altri invece purtroppo e per fortuna ho perso i contatti anche se qualcuno lo sento ancora.

Tempo fa sono tornata a trovare i miei amati vecchietti e con mia grande gioia ho visto dei bellissimi miglioramenti, Max è tornato e ha riportato all'antico splendore quella struttura che sembrava ormai defunta. Ha fatto davvero un ottimo lavoro e da quanto mi è piaciuto mi è persino venuta voglia di tornarci ma questa volta in veste di Educatore Sociale.

Tu non sei normale!

Non mi sono mai sentita normale …

Che cos'è poi la normalità? Come dice la parola stessa "normale" si riferisce a tutto ciò che è nella norma. Quindi alla domanda "Ma sei normale?" rispondo "No, non lo sono per fortuna!"

Mi è sempre piaciuto distinguermi dagli altri, essere un pò … controcorrente. Chi mi conosce lo sa bene. Tendo a non esagerare, ad esempio non sono il tipo che ogni giorno si cambia il colore dei capelli o si fa dei piercing e dei tatuaggi ma mi piace spesso cambiare il mio abbigliamento, provare nuovi look e fare cose che la maggior parte delle persone non fa.

Da piccola non mi rendevo conto di quanto fisicamente fossi diversa dagli altri, non pensavo mai a quanto fossi bassa o se avessi qualcosa di strano nel mio corpo o qualche parte diversa dalla norma. Non me ne è mai fregato nulla!

Diciamo però che quando inizi a confrontarti con le persone cambi un pò idea …

Erano gli anni del gran boom informatico, gli anni in cui Facebook faceva la sua comparsa nel web. Dopo averci molto pensato; visto che prima ero contro anche per via del mio ragazzo, decisi anche io di iscrivermi a Facebook.

Lì per lì ne sapevo veramente poco, tutto ciò che sapevo era che si trattava di un social network, parola allora a me sconosciuta, era un modo insomma per farsi degli amici e cercare di conoscere delle persone.

Feci il mio profilo, ma inizialmente senza foto perché non volevo farmi vedere visto che avevo paura mi insultassero. Ricordo ancora il mio primo post dove letteralmente pregavo di non offendermi e dicevo "Questa sono io".

Contrariamente alle mie aspettative non ricevetti insulti, anzi ci furono molti complimenti, così piano piano uscii dal guscio, ma la mia "carriera" sul web era appena all'inizio.

Su Facebook non facevo granché, scrivevo cose tanto per fare .. le mie battaglie contro le barriere architettoniche non erano ancora iniziate. Inizieranno molto più avanti.

Non ero ancora consapevole che mi sarei ritrovata ad affrontare qualcosa molto più grande di me ….

Tornando alla parola normalità cosa posso dire? Come ho già scritto non sono normale, non mi sento normale né voglio esserlo. La normalità è noiosa, a me piace distinguermi e si beh lo ammetto mi piace stare al centro dell'attenzione.

Ho sempre avuto un grande difetto, che forse è anche un pregio non lo so questo, e si chiama perfezionismo. Ebbene si sono perfezionista in ogni cosa che faccio, se una cosa la devo fare va fatta non bene va fatta benissimo. Ok ok lo so che la perfezione non esiste ma purtroppo non posso farci niente, quando sbaglio mi sento come se non avessi fatto abbastanza, come se il mio impegno non fosse stato sufficiente e insomma devo essere perfetta in ogni cosa che faccio, non mi basta fare del mio meglio. Purtroppo questa cosa mi ha sempre causato dei problemi perché io non vorrei essere perfetta ma per il momento ci devo ancora lavorare su, spero di riuscire con il tempo a diventare meno critica ed esigente verso me stessa

Ho una teoria, che poi tanto teoria alla fine non è, credo che chi si comporta fuori dalla norma, chi è diverso venga in qualche modo visto male dalla società.

Faccio un esempio per spiegarmi meglio, avete presente tutti quelli che seguono un determinato movimento? Prendiamo ad esempio i vegetariani oppure non so i metallari; voi direte "e questo che cosa c'entra?" c'entra c'entra, beh è presto detto, sono diversi e visto che sono diversi verranno trattati da diversi e avranno amici come loro con le loro stesse passioni e che condividono le stesse ideologie.

I disabili durante il corso della storia sono sempre stati emarginati e trattati differentemente dagli altri nonostante fossero persone come le altre con pregi e difetti e che provano sentimenti ed emozioni. Nella storia sono stati pesantemente denigrati istituendo, per schernirli ancora di più nei tempi antichi, i cosiddetti "Freak Show" una sorta di circo dove venivano esibiti al pubblico e trattati come fenomeni da baraccone tutti coloro che avevano qualcosa di diverso; c'erano persone con vari tipi di malattie e queste venivano ridicolizzate e denigrate. Era una cosa orribile eppure se ci pensate non è che sia cambiato proprio così tanto da allora.

E non è tutto, in alcuni paesi molte persone disabili sono ancora trattate come spazzatura e in taluni paesi alcuni vengono persino uccise.

Qual'è la differenza? E' vero che moltissime cose sono cambiate, per fortuna non c'è più questa presa in giro così diretta, l'offesa a gratis non esiste più, eccetto rare eccezioni ma l'indifferenza quella beh non finisce mai. E forse è la cosa che fa più male …

E quel che non smetterà mai, se nessuno si impegna a combatterle, sono le cosiddette barriere mentali come ad esempio i pregiudizi, il pietismo e tutto quello che ne è correlato.

In tutta la mia vita ho sentito tante cose, alcune anche piuttosto pesanti. Mi piacerebbe fare un elenco di tutto quello che ho sentito dire ma verrebbe un libro di più di 1000 pagine e penso proprio che risulterebbe assai noioso per voi miei cari lettori e forse vi ho già annoiato abbastanza raccontandovi la pappardella della mia vita.

Quindi potete tranquillamente posare i cuscini perché ve le risparmierò…

Sapete .. lì per lì ci si rimane male a sentire certi discorsi, ti senti spiazzato, ti senti confuso e non capisci se la persona che ti sta facendo certi discorsi ti sta prendendo per i fondelli oppure no. Le vecchiette ad esempio, quelle bonarie nonnine col sorriso a trentadue denti; o con la dentiera in questo caso, che ti si avvicinano e ti dicono con un irritante vocina infantile come se tu fossi un idiota "Poverina, ma cosa ti è successo?" "Beh signora a me non è successo niente, sono nata così che posso farci? E a lei cos'è successo?" Allora sentendo che sai rispondere e che non sei un ebete e sopratutto che sei dotato di cervello si che ci rimangono male. Oppure altro tipo di vecchietta che inizia a tirare in ballo Gesù Cristo e tutti i poveri santi o ti consiglia di farti un giro a Lourdes, perché magati ti potrebbero fare un miracolo e farti finalmente camminare come tutti gli altri. "Scusi signora ma il giro a Lourdes per quanto sia una bella località io non ce lo voglio fare, problemi? E poi sto bene così grazie.

Vi sembrerà strano ma non ho mai avuto un desidero particolare di poter camminare come tutti gli altri, anche perché ci tengo a precisare che non sono immobilizzata a letto, anzi se proprio volete saperlo cammino anche piuttosto bene, mi devo appoggiare a qualcosa e in casa tengo un deambulatore, ma cammino! Anzi tocco ferro per tutte le volte che sento dire "costretta in sedia a rotelle"!!

Sono felice così come sono, anzi se un giorno mi dovessi svegliare alta 1,70 e in grado di poter camminare da sola credo proprio che mi prenderebbe un colpo! Mi guarderei allo specchio e non mi riconoscerei più e probabilmente griderei "Oddio ma chi è questa qui"?

Mi farebbe piuttosto strano svegliarmi e ritrovarmi "normodotata"

Quello che non ho mai sopportato sono le offese gratuite di gente che non ha la più pallida idea che non sta parlando con un alieno.

Re di questo campo è il web. Nella mia vita mi sono iscritta a tantissimi siti, tra questi Badoo un sito d'incontri per cercare come su Facebook di conoscere gente ed è lì che ne ho sentite proprio di cotte e di crude.

La domanda che mi si porge più spesso è "Ma tu come fai a fare sesso?"

Dovete sapere che in genere le persone disabili purtroppo fanno molta più fatica a trovare un partner per la vita, una persona da amare, questo perché secondo i luoghi comuni "non si può stare o comunque è più difficile avere una relazione con una persona che ha una disabilità"

Tutte le volte che mi "presentavo" in chat a qualche ragazzo dopo un bel pò ne usciva con la fatidica domanda seguita da un imbarazzo generale ,anche da parte mia lo ammetto. Nel peggiore dei casi seguivano altri tipi di domande piuttosto ridicole tutte sempre inerenti al sesso. Cose che davvero se le leggeste vi si accapponerebbe la pelle!

Molte volte ho avuto la tentazione di lanciare il computer fuori dalla finestra o di spaccare qualcosa dal nervoso. Che persone ignoranti e prive di dignità!

Ora, io capisco che la mia "malattia" non è molto conosciuta visto che è una patologia abbastanza rara, capisco anche che ci sia molta disinformazione o mancata informazione al riguardo e che vi possano essere delle curiosità ma certi casi sono davvero disperati credetemi!

Nemmeno con tutta la pazienza di questo mondo si potrebbe far fronte ad un'ignoranza del genere, io ho sempre cercato di rispondere con ironia ma delle volte ti scappa proprio la pazienza e allora il classico "vaffanculo" ci sta, eccome se ci sta! La mia lista di persone bloccate ne sa qualcosa!

Sapete che cosa penso? Che alla base dell'ignoranza ci sia un altro aspetto da tenere in considerazione, la paura. La paura del diverso per l'esattezza. Si ha paura di tutto quello che non è come noi, che non è appunto normale, si ha paura e si teme che possa in qualche modo contagiarci. Basterebbe soltanto un pò più di informazione e voglia di confrontarsi per scoprire che la disabilità non è il mondo oscuro che si crede. Per certi aspetti anzi vi sono innumerevoli vantaggi nell'avere una disabilità ma di questo ve ne parlerò più avanti.

Stanca di sentire e leggere tutti questi discorsi, un bel giorno e più precisamente il 16 Agosto 2007 ho deciso di fare la mia comparsa sul fantastico mondo di YouTube. Ed è così che è nato il mio primo canale.

Ha inizio la mia battaglia!

Decidere il nome del canale non fu semplice, a dir il vero non ha mai avuto un vero e proprio nome anzi a pensarci bene non ce l'ha affatto, è soltanto il nome del mio pseudonimo Mitsu seguito dalla mia data di nascita + 1, ovvero Mitsu851.

All'inizio lo aprii ma senza particolari intenzioni, così tanto per gioco e per espormi perché ero stanca di stare nel mio e volevo a tutti i costi un contatto e un riscontro da parte di qualcuno.

Lì per lì voleva essere un canale dove si raccontavano storie con dei pupazzi dirette ai bambini e infatti iniziai creando un pò per gioco una sorta di mia mascotte, un peluche con gli occhi giganti, un orsetto di nome Teddy a cui diedi la voce.

Tra i miei tanti sogni c'è sempre stato quello di fare un corso di doppiaggio perché ho sempre amato i cartoni animati e fin da piccola mi inventavo delle storie dove imitavo tutti i personaggi. Teddy compariva spesso nei miei video, all'inizio come mascotte poi diventò una vera e propria spalla fino a che cominciai a crearci delle storie.

Ero molto legata a quel peluche tanto che me lo portavo persino a letto, ebbene si a 22 anni dormivo ancora con un peluche! E' strano lo so ma come ho già detto io non sono normale :)

Lo portavo persino nei ristoranti; le mie amiche Francesca e Alessandra lo sanno bene, persino in quelli di lusso di Arezzo, provocando lo sgomento nelle facce di molti e in alcuni casi anche la presa in giro; le mie amiche però, ci tengo a dirlo, non mi hanno mai giudicato.

Lo so che sono strana ma sono fatta così e non voglio cambiare per piacere di più alla gente, è la mia particolarità questo carattere così eccentrico!

Il canale ebbe un discreto successo, ero felice! La gente mi seguiva e i miei video piacevano, era tutto come volevo. Però pensa e ripensa mi venne in mente che forse volevo fare qualcosa di più serio, che volevo di più … che volevo combattere per le cose che mi davano fastidio e per quello che era giusto!

Dopo aver fatto girato altri video cazzeggio decisi di passare ai fatti e Teddy a poco a poco purtroppo uscì di scena, alcuni ci rimasero male ma era inevitabile se volevo arrivare ad un pubblico più vasto.

Con il primo video serio dal titolo "Disabilità, alcune cose da sapere" feci un discreto successo, fu visto da più di 1000 persone. Ero sorpresa e felicissima e finalmente avevo trovato un mezzo per dare voce alle mie battaglie e per denunciare tutte le ingiustizie riguardanti la disabilità.

Cominciai ad acquisire una certa sicurezza e a girare video con contenuti sempre più interessanti, intervallando ogni tanto con temi più leggeri come i miei acquisti, le mie uscite, ecc ecc.. Una cosa di cui mi vanto però e non è per presunzione è che non mi sono mai venduta, non ho mai amato girare i video che tutti vorrebbero vedere soltanto per avere più pubblico, preferisco un piccolo pubblico e girare video di nicchia che possono anche non piacere. Si fa più fatica è vero ma almeno si riesce a rimanere autentici.

Il canale a poco a poco è diventato qualcosa di più importante e assieme ad esso ho associato Facebook che è diventato in breve tempo il tramite per cercare di farmi conoscere ancora di più.

Ci tengo a precisare che non lo faccio perché voglio essere popolare ma perché così posso riuscire a denunciare quello che non va, come ad esempio le barriere architettoniche della mia città, parlare del concetto di autonomia e cose di questo tipo.

Un video che ha fatto un certo successo è stato "Ma i disabili possono fare sesso?", forse perché conteneva appunto la parola "sesso", un tag molto usato.

L'apice della felicità lo raggiunsi però quando riuscii ad ottenere la carrozzina elettrica, ma di questo ve ne parlerò più avanti, quindi state con me che ne leggerete delle belle!!

Insomma le mie battaglie contro le famigerate mentali trovarono il loro sfogo sia su YouTube che su Facebook ma a questo punto voi direte "E le barriere architettoniche?"

Per combattere contro quelle invece è dovuto passare qualche altro anno perché visto che non ero mai uscita in autonomia, non avevo ancora idee chiare di che cosa si trattassero

La Vita …

Quella si che è una battaglia continua!

Si nasce, si cresce, si osserva il mondo e si cerca in tutti i modi di stare al passo con gli altri. A volte ti senti impotente, inerme, a volte ti senti come se tutto il mondo ti stesse per crollare addosso, a volte sei convinto che ogni sforzo che farai per quanto impegno ci metterai potrà risultare vano. Eh si, la vita è proprio una battaglia. Delle volte ti verrà da urlare per tutte le ingiustizie che avrai subito o che subirai, delle altre dovrai stringere i denti e ingoiare lacrime amare senza far sapere nulla a nessuno e tenendoti tutto dentro fino a farti scoppiare il cuore. E certe volte proprio quel dono prezioso che è la Vita ti sembrerà una grandissima fregatura…

Tra le mie tante teorie penso spesso che la vita sia come una grande battaglia, o meglio come un percorso a ostacoli e tutte le volte che te ne trovi uno davanti non devi aggirarlo ma cercare di affrontarlo e superarlo con tutte le tue forze senza mai arrenderti. Però a volte mi chiedo se tutto questo abbia un senso visto che alla fine ogni essere umano muore. Nei momenti di difficoltà mi interrogo spesso sul significato della vita; molti se lo sono chiesto, i più grandi geni e gli antichi del passato tuttora non ne hanno trovato un motivo, eppure un senso lo deve avere. Forse ognuno di noi nasce con uno scopo, e finché non si arriva a raggiungere questo scopo non si può dire di aver trovato la Felicità, oppure il motivo è un altro, beh nel mio caso invece credo proprio che mi si abbia dato la Vita per combattere, come una sorta di Paladina della giustizia. Amo pensarla così.

Certo, non è stata affatto semplice la mia esistenza e come vi ho già detto la Vita mi ha messo alla prova già dalla nascita ma non posso proprio lamentarmi e se dovessi tirare le somme su tutto quello che mi è successo direi che è stata avvincente, avventurosa e mai noiosa.

La vera disabilità

"**La disabilità non esiste, esiste soltanto sulla carta. Sono le persone ignoranti e la società bigotta a renderti più disabile di quello che sei**"

Ognuno di noi ha dei limiti, ognuno di noi deve essere consapevole di quello che può fare e non può fare. Di disabilità ce ne sono moltissimi tipi, più gravi e meno gravi. Parlo per me, ma l'Osteogenesi Imperfetta nel mio caso non mi ha mai creato dei grandissimi problemi. Come ho già scritto non mi sono mai negata nulla, anzi! Ho fatto anche troppo e spesso è vero che voglio strafare; me lo dice sempre pure il mio babbo! Sono sempre carica di energia e non mi stanco mai di uscire e fare mille esperienze!

La vera disabilità allora qual'è?

La vera disabilità secondo me è quella che ti fanno provare le persone ignoranti, pregiudicate e malfidate. Io non mi sento disabile, sono gli altri che a volte mi fanno sentire così! Anzi ci tengo a precisare che la parola "disabile" non mi piace affatto, non mi calza, non fa per me e oltretutto suona anche male. Un disabile è uno che non è abile, ma non esiste nessuno che non è abile in niente, anzi tutti siamo disabili e tutti siamo abili. E' un discorso forse un pò contorto ma più avanti cercherò di spiegarlo meglio.

Quando sono riuscita ad ottenere la mia prima carrozzina elettrica mi sono resa conto che là fuori c'era un Mondo tutto da esplorare! Un Mondo che non avevo mai visto e con tante prove da affrontare e superare!

"Beh grazie hai scoperto l'acqua calda!"

Fino ad allora non ne ero assolutamente consapevole purtroppo! Beata ingenuità! Non avevo idea che là fuori ci fossero così tante cose belle da scoprire!

Forse sono sempre vissuta sotto una "campana di vetro", forse i miei genitori mi hanno protetto fin troppo e non ho mai conosciuto "i pericoli" del mondo; forse è stato quello. Va bè meglio tardi che mai è inutile stare a tormentarsi con tutti questi "forse".

La sensazione di bellezza davanti al fatto di poter essere autonoma è una cosa che non avevo mai provato in tutta la mia vita. E' stato fantastico! Sentire il vento accarezzare i miei capelli e sfrecciare più veloce della luce a bordo della mia meravigliosa "Ferrari", sono cose che non dimenticherò mai e poi mai!

Un'emozione indescrivibile e poi diciamoci la verità, una persona che ha una disabilità come me e che ha dei limiti fisici instaura con la carrozzina una sorta di rapporto speciale. Per me è come un'amica, una sorella e una compagna di avventure e senza di essa mi sentirei persa. Io e Speed Star ne abbiamo combinate tante insieme!

Purtroppo però svanita la prima sensazione fantastica di autonomia (e su questo girai anche un video dalla felicità) mi scontrai quasi immediatamente con la dura realtà…

LE FAMIGERATE BARRIERE ARCHITETTONICHE!!!

Adesso per chi non conosce l'argomento, una domanda è d'obbligo

"Ma che cosa sono queste fantomatiche barriere architettoniche?"

Dicesi "barriera architettonica" qualsiasi ostacolo che impedisce il normale accesso ad una persona con un handicap motorio. Questo riguarda sia i "carrozzati" che le persone che passeggiano con il bastone, stampelle o altri ausili.

Un piccolo scalino di pochi cm, che per una persona cosiddetta "normale" non è nulla ,si trasforma in un ostacolo insormontabile per chi invece non viaggia con le proprie gambe.

E' stato allora che ho aperto gli occhi e ho visto quanto era dura la realtà!

"Ma come ? Ho una carrozzina e non posso andarmene dove voglio"? C'era qualcosa di sbagliato in tutto questo. Fino ad allora non ci avevo mai pensato granché, ma poi pensa e ripensa mi venne in mente che molte altre persone potevano essere nella mia stessa situazione; ad esempio tutti quegli anziani che camminano con il bastone, che cosa avrebbero fatto se si fossero trovati davanti quegli ostacoli? Come avrebbero fatto ad entrare, ad esempio in una Farmacia?

Era una cosa che proprio non mi andava giù, e fu così che trovai un gruppo di Arezzo che sembrava interessato alle mie battaglie. Più precisamente conobbi Marco Giustini, l'artefice, nonché fondatore di tale gruppo e Dolmen, oltre a tutti gli altri di cui per il momento mi sfugge il nome. Li trovai sin da subito molto simpatici e alla mano e sopratutto interessati al problema.

Ci radunammo così in un fondo, una sorta di garage e dopo una piccola riunione decidemmo di organizzare una protesta per il Corso Italia di Arezzo.

Armati di megafono e di un piccolo banchetto, iniziai a urlare il mio disappunto "Abbasso le barriere architettoniche" urlavo e di tanto in tanto a qualche interessato consegnavo dei depliant informativi. Ma la protesta non ebbe successo e per colmo di sventura il megafono ci abbandonò molto presto.

Con mio rammarico e un pò di dispiacere decisi di concentrarmi su quest'unica cosa e intraprendere una vera e propria battaglia contro tutte le barriere di ogni tipo, sia architettoniche che mentali e abbandonai il gruppo ben presto anche se con qualcuno ci sono rimasta amica.

Molto spesso mi si accusa di fare le cose per farmi vedere o perché voglio popolarità e non capisco perché non si riesca a capire che queste cose non le faccio soltanto per me, ma per tutti quelli che hanno delle difficoltà come me o anche più di me e che non me ne frega assolutamente niente della popolarità. Comunque queste persone possono pensare ciò che vogliono, io continuo per la mia strada e non mi fermerò finché potrò! Anzi prometto di cercare di creare contenuti sempre più interessanti e perché no anche un pò irriverenti!

Quando ti trovi davanti ad un ostacolo e vedi tutti gli altri che entrano in un tal posto o che prendono un mezzo di trasporto non ti senti disabile, ti senti un vero e proprio **HANDICAPPATO**!!

Sono queste le cose che ti fanno pesare la tua condizione non tanto la malattia in sé.

Le persone che hanno un qualche tipo di difficoltà trovano sempre il modo di fare le cose a meno che non gli venga impedito, forse le faranno in modo diverso, forse il loro modo di fare le cose richiederà dei tempi più lunghi o potrà sembrare strano o assurdo ma le faranno. Le persone disabili sono persone. Punto. E come persone fanno cose.

Quando vedo in televisione i programmi spazzatura che mostrano storie di persone con disabilità mi scappa da ridere, un tempo mi saliva il nervoso, sopratutto alla vista di certi programmi di basso livello ma oggi no, si può soltanto ridere della bassezza di questa gente.

E ve lo dice una che tanto alta non è!

Mi rattrista molto quando vedo altre persone come me che non riescono a fare le cose perché gli viene impedito. Spesso per esempio, i genitori non capiscono che non devono limitare i figli, non capiscono che i pericoli sono all'ordine del giorno e che non è che evitandoli si vive meglio, anzi. Questi genitori dovrebbero puntare alla felicità del proprio figlio o figlia invece di vietargli di avere una vita sua, questi genitori limitano l'autonomia del proprio figlio e figlia e ne impediscono la felicità.

Mi duole pensare che ci sono ragazzi e ragazzi più grandi di me o della mia età o più piccoli che non avranno mai il piacere di scoprire che cosa significa essere autonomi, o che per via dei limiti inferti dagli altri, non avranno mai il piacere di sapere che cos'è l'amore e viverlo sulla propria pelle, tutto questo lo trovo molto triste.

Di queste persone, sia maschi che femmine, ne conosco diverse e vorrei tanto fare qualcosa per aiutarle ma a volte ci si sente impotenti di fronte a questi problemi.

Per spezzare una lancia a favore di questi genitori, mi sento di dire che non lo fanno assolutamente per cattiveria ma soltanto per … diciamo un pò così … eccesso di amore. Se io per esempio avessi una figlia o un figlio; sopratutto se questo avesse la mia disabilità o anche un altro tipo di handicap, credo proprio che mi comporterei nella stessa maniera o in maniera simile; cercherei di fargli acquisire una certa autonomia ,ma l'atteggiamento che mi verrebbe più spontaneo sarebbe quello di proteggere mio figlio o figlia perché gli voglio bene. L'eccesso di bene a volte però è deleterio, come dico sempre io … il troppo bene può far male, impedisce al bambino di crescere e di capire che può contare sulle proprie capacità, e che ha delle potenzialità che non conosce, gli impedisce in qualche modo di sviluppare la sua autostima e questo problema purtroppo lo conosco piuttosto bene.

Contrariamente a quanto si possa pensare, infatti la sottoscritta non ha un'autostima forte, non è una persona indistruttibile, non è come si crede che nulla la può scalfire o che riesce a farsi scorrere tutto addosso, anzi! Spesso ahimè è proprio il contrario! Per chi mi conosce nel profondo, nella mia intimità, sono una persona piuttosto problematica, che si fa mille seghe mentali per niente e spesso si incasina da sola. Faccio un esempio per farvi capire meglio, mi capita molto spesso purtroppo di passare ore e ore a pensare alle cose del passato, alle offese e a tutto quello che ho subito e siccome non sono tipo da meditare o escogitare chissà quali vendette; sono anche troppo buona lo confesso, ci sto male e do sfogo a tutte le mie lacrime, ammetto che in questi frangenti non sono tanto simpatica ma quando mi prende mi prende.

Non so per quale motivo ma moltissime persone che mi conoscono più o meno bene, secondo me si sono fatte un'idea del tutto sbagliata della sottoscritta. Sento spesso dire che sono una persona forte, mi si fanno un sacco di complimenti al riguardo, sento dire "Tu si che sei forte! Ma come fai?" Beh non sono forte proprio per niente, mi limito a vivere la mia vita, tutto qua. Non mi sento forte ne mi sono mai sentita così, forse se proprio mi devo vantare di qualcosa, posso dire di possedere una certa determinazione, questo si! Ma forte direi proprio di no. Forse mi considerano così perché nella vita non mi sono mai arresa, ma la trovo una cosa del tutto naturale. Voglio dire … se mi fossi arresa che senso avrebbe avuto? E' inutile piangersi addosso, piangere sul latte versato come dice il proverbio, bisogna andare avanti. Per forza, che scelta abbiamo? Come ho scritto prima se ci è stata data una Vita un motivo ci deve pur esser no?

Momenti difficili

C'è chi crede che la disabilità vera, quella cioè degli ignoranti o appunto di chi non conosce un argomento, appartenga soltanto agli altri e invece ho potuto constatare che purtroppo la vera disabilità appartiene in certi casi anche a noi.

Quando non ci conosciamo abbastanza o non ci stimiamo e di conseguenza ci vogliamo poco bene e ci apprezziamo poco, incorriamo in problemi non da poco che ci limitano o nei peggiori dei casi impediscono di vivere pienamente come vorremmo.

Uno di questi problemi a me noto fin troppo bene si chiama **Perfezionismo**.

Ci convivo da anni e ammetto di non aver ancora accettato che fa parte di me e siccome riveste in un certo senso una parte importante della mia esistenza gli "dedico" questi versi :

"Il Perfezionismo"

"Una dura bestia con cui convivere e da combattere.

Non ti lascerà mai in pace

Ti farà sempre sentire un passo indietro rispetto agli altri

Ti farà sentire come se tu fossi sempre su un nastro, corri corri e non arrivi mai alla meta

Ti farà sentire sbagliato

Ti farà sentire più sbagliato che mai quando sbagli

Per il Perfezionismo ogni più piccolo errore è una dura colpa da espiare

Lui ci gode a farti sentire in colpa

Si nutre del tuo senso di colpa

Ricorda che per lui tu sei sempre peggio rispetto agli altri e gli altri, chiunque, anche un estraneo è sempre meglio di te

Persino quando vai dallo psicologo se questo ti dice "Scrivimi una storia" e tu scrivi

in maniera sbagliata o scrivi storto, la voce del tuo amico Perfezionismo non

mancherà di ripeterti che hai sbagliato

Secondo lui non si può sbagliare, non si deve mai sbagliare ed ogni errore sarà

pagato a caro prezzo

Il Perfezionismo può avere radici nel tuo passato o nella tua infanzia in certi casi

Lui è la personificazione di un tuo genitore o comunque di qualcuno che consideri di

un certo livello, di una persona importante e che stimi

Non ti lascerà mai finché non imparerai ad essere meno critico con te stesso

Dovrai imparare a gestirlo ma non sarà facile, poiché il suo fantasma sarà sempre

accanto o meglio dentro di te, nella tua testa

Se sentirai una voce che ti critica e ti riprende quando sbagli e ti fa sentire in colpa ...

sappilo.. lui è il PERFEZIONISMO"

Come si evince dai versi sopra il perfezionismo può essere molto dannoso per vivere. Nel mio caso, sebbene abbia 31 anni suonati non sono ancora riuscita a combatterlo. E' sia una croce che una delizia. Croce perché impedisce di essere pienamente soddisfatto di quello che fai e sopratutto di come sei, e delizia perché in alcuni casi può essere utile e perché migliorarsi è bello.

Forse dovrei soltanto imparare a valorizzarmi di più e ad essere meno critica con me stessa. Persino adesso che sto scrivendo questo libro mi faccio dei problemi e penso che probabilmente non avrà nessun successo o che risulterà noioso ecc…

Sono giunta alla conclusione che derivi anche dallo specchio della nostra società. Fin da piccoli siamo abituati a pensare che dobbiamo comportarci bene per avere l'amore e l'approvazione dei nostri genitori e che se faremo qualcosa che potrà in qualche modo dar noia, ci verrà negato o verrà meno e oltretutto quando diventiamo adolescenti la maggior parte di noi; io compresa comincia a paragonarsi ai "grandi della televisione"

Tempo fa ho letto con molto piacere un libro intitolato "Il corpo delle donne" della bravissima Ornella De Zordo che spiega molto bene e con precisione quanto siamo influenzati dall'idea di perfezione, perché vediamo i corpi e i visi di queste donne e anche uomini apparentemente perfetti.

Non conosco tante adolescenti che si amano e si apprezzano purtroppo e anche io ho avuto moltissimi problemi ad accettarmi a pieno. C'è voluto un grande lavoro interiore; in cui mi ha aiutato una persona a me molto cara il cui nome è Walter, e che considero quasi un parente, conosciuto su internet per farmi capire che valgo qualcosa e che il mio corpo non è poi così male. Ogni giorno mi mettevo davanti allo specchio e mi osservavo e sebbene lì per lì non trovassi nulla che mi piacesse pian piano osservandomi e scrutandomi con più attenzione ho capito che non era poi tanto vero. E' stato allora che ho scoperto la mia femminilità.

Mi sono resa conto che dopotutto ero una donna anche io!

E direte nuovamente che ho fatto l'ennesima scoperta dell'acqua calda. Beh non è proprio così! Fino ad allora non me ne era mai importato nulla della "cura di me stessa".

Sempre grazie a questa sorta di "percorso psicologico" ho cominciato a truccarmi, a scegliermi dei vestiti che mi potessero piacere; invece di mettermi come al solito i primi pantaloni che trovavo dentro l'armadio, a comprare degli smalti e altri oggetti che potessero farmi capire che fisicamente valgo.

Oltre a questo "lavoro d'immagine" ho lavorato anche su come approcciarmi con le persone del sesso opposto al mio perché ero molto timida, ed ogni volta che parlavo con un ragazzo arrossivo violentemente.

E' stato un lavoro davvero utile e a questa persona sono veramente grata. Grazie "zio" Walter mi hai cambiato in gran parte la vita!

Dopo molto lavoro interiore come ho scritto prima e dopo aver sofferto molto la solitudine e aver pianto molto ho trovato finalmente un ragazzo.

Successe quasi per caso …

Era una sera in cui ero particolarmente giù, era un periodo in cui non facevo altro che ripetere nella mia testa "Non troverai mai nessuno, fai schifo a tutti, chi vuoi che si metta con una come te?"

Era un martellamento continuo. Tutte le sere, chiusa nella mia stanza non mi davo pace a causa di questo, erano proprio delle voci che si divertivano a ripetermi queste cose cattive dentro la mia testa e nonostante cercassi in ogni modo di scacciarle al primo momento di vulnerabilità ricomparivano come per magia. Era orribile!

Quella sera però qualcosa accade, ero alla disperata ricerca di qualcuno da conoscere; non ero ancora entrata nel mondo di Badoo e Facebook, scusate il salto temporale, e così mi collegai ad un sito chiamato "Contatti msn"

Tra tutti i profili esaminati ne notai uno che sembrava diverso dagli altri e oltretutto era anche vicino ad Arezzo, più precisamente a Castiglion Fibocchi.

Presi coraggio e decisi di scrivergli ma ero titubante se dirgli o meno della mia condizione e del fatto che avessi L'Osteogenesi Imperfetta. Decisi di spiegarglielo ma sembrò non capire anche se sembrava che la cosa non lo toccasse più di tanto

Era un ragazzo dai capelli riccioli , la barba e gli occhi marroni, lo chiameremo M. per questioni di privacy. Messaggio dopo messaggio cominciammo a trovare delle cose in comune; a tutti e due per esempio piaceva molto la cultura tra cui i libri e i film, ero felicissima perché finalmente c'era qualcuno di cui parlare di cose intelligenti e non era uno come tanti.

Dopo un bel pò di conoscenza in chat e al telefono, lui mi propose con mio grande stupore di mettersi insieme, senza pensarci due volte e presa com'ero dall'entusiasmo accettai visto che non avevo mai avuto un ragazzo in vita mia ed ero troppo felice di averne trovato finalmente uno.

Lui era di qualche anno più piccolo di me e mi faceva un pò strano pensare che nonostante la mia altezza io fossi d'età più grande. Dopo un pò decidemmo di vedersi e ci accordammo per casa mia. Il giorno fatidico ero molto tesa e mi venne un attacco di ansia, quando arrivò si fiondò in camera mia perché non ebbi il coraggio di scendere di sotto. Parlammo per tutta la durata dell'incontro e dopo un pò lui prese coraggio e mi baciò.

Non ricordo quel bacio come qualcosa di particolare; a dir il vero non mi trasmise particolari emozioni, ma come un bacio normale anche se allora mi pareva chissà cosa

Per farla breve siamo stati insieme per ben 5 lunghi anni, quasi sei durante i quali è successo di tutto e sottolineo DI TUTTO!

Vi racconterò tutto con calma quindi state con me perché il racconto merita davvero!

I primi tempi della nostra relazione furono davvero belli, passavamo ore intere ad ascoltare musica con le cuffie, a dir il vero io ascoltavo la musica che piaceva a lui, il black metal; un genere anche piuttosto pesante che non so come ho fatto a farmelo piacere per tutto questo tempo!

Ci vedevamo nei weekend soltanto, lui veniva a casa mia e io lo aspettavo. Durante i pomeriggi parlavamo e giocavamo alla Playstation. Nonostante tutto era un bel rapporto e all'inizio c'erano anche i sentimenti. Ci divertivamo molto. Il rapporto con i miei però non è mai stato idilliaco nemmeno all'inizio, perché lui era molto introverso e a malapena li degnava di un saluto e loro, essendo di mentalità antica; non lo hanno mai accettato perché si vestiva da metallaro, con le borchie e indossando delle magliette completamente nere o t-shirt raffiguranti gruppi Metal; oltre a questo non si faceva spesso la barba e la portava incolta e tutta arruffata.

Dopo qualche mese cominciammo a uscire insieme, ma da parte sua non c'era granché l'intenzione, non capivo il perché e così decisi di scrivergli una lettera; lettera che poi non ricordo per quale motivo inviai anche a sua madre.

Il nostro primo appuntamento fu in una pizzeria di Arezzo vicino a casa e sinceramente mi ricordo molto poco, se non che fu una giornata piacevole presumo. Credo che il mio cervello a causa di tutta la sofferenza subita più avanti, abbia in parte rimosso molti ricordi sulla nostra relazione.

Siamo stati insieme molti anni e a poco a poco il rapporto è peggiorato. Lui non so perché è cambiato molto, mio fratello non stava bene, il che non migliorava le cose ma lui cambiò totalmente.

Riassumere tutti i 5 anni di relazione non è affatto semplice e alcune cose tutt'oggi scriverle mi fa soffrire. Quello che posso dire è che ho avuto tanti ma tanti problemi.

Principalmente ho sofferto a causa della sua famiglia perché non mi accettavano, non mi hanno mai accettato a dir il vero, sopratutto sua mamma e poco anche che suo padre, con suo fratello minore fortunatamente non ho mai avuto nessun problema e nemmeno in paese mi accettavano. Quando andavo a trovarlo mi sentivo addosso lo sguardo di tutta Castiglion Fibocchi!

Ci sono tanti episodi di pregiudizi che ho dovuto subire e sentire, anche da parte di sua nonna, che appena mi vide iniziò a canzonarmi dicendomi "Poverina" "Povera creatura " e cose di questo tipo, oppure quando volevamo andare a vedere il ranch di cavalli lì vicino e suo padre; poiché non voleva che si sapesse in paese "con chi si era messo suo figlio", ci disse che non c'era niente da vedere e invece grazie alla nostra testardaggine li vedemmo andando contro il śuo parere. Insomma non mi sono mai sentita accettata!

Mi sono stata dette tante cattiverie, cose così crudeli da far accapponare la pelle a qualsiasi individuo sano di mente!

"Ti potevi trovare di meglio!" "Ti ritroverai a fare il badante!" "Questi erano più o meno i discorsi che facevano i suoi genitori. Ovviamente non avevano il coraggio di dirmelo in faccia! :)

Gente simpatica non è vero? Ma fosse solo questo!

Durante la mia, chiamiamola relazione, sono caduta per ben 2 volte in un anno! Ora, per chi mi conosce bene, sa che è molto difficile che io cada o mi faccia male perché ci sto molto attenta e sono consapevole dei limiti del mio corpo e so come devo muovermi per evitare di farmi male o cadere. Purtroppo non posso dare tutta la colpa a lui però, lo ammetto, è anche colpa mia perché ero molto testarda e lo seguivo ciecamente. E' proprio vero che l'Amore è cieco e che quando ci si innamora esiste solo l'altra persona. Mi raccomando, cercate di non idealizzare mai la persona che avete davanti o finirete per fare il mio stesso errore!

Sono state due cadute piuttosto gravi, una dal treno e l'altra come ho già scritto prima, per frattura del femore. "Dal treno? Sei caduta davvero dal treno?" un attimo che vi racconto tutto con calma!

Dovevamo andare a Roma in treno per fare una gita e a causa sempre della mia testardaggine, non richiedemmo l'assistenza per le persone disabili perché avevamo viaggiato molto anche in precedenza e non avevamo mai avuto problemi di nessun tipo. Lui mi fece salire sul treno e poi salì la carrozzina manuale; visto che non possedevo ancora quella elettrica. Non lo avessi mai fatto! Mi appoggiai ad uno degli sportelli di chiusura del treno e il fato volle che mi si chiudesse uno di essi sbalzandomi all'indietro e facendomi cadere dal mezzo. Fu un bel volo davvero! Mi ritrovai sdraiata sul marciapiede con il treno che tranquillamente ripartiva e le persone intorno che mi guardavano e M preso dal panico. Cercai tuttavia di non darmi per vinta e sopratutto di non farmi assalire dalla paura e gli spiegai con grande pazienza; poiché non sentivo ancora dolore e mentre mi tenevo una spalla, come fare a rimettermi seduta.

Chiamai i miei genitori; perché quando mi succede qualcosa generalmente chiamo sempre mio padre, che si allarmarono moltissimo mentre M scoppiò a piangere. Cercai di rassicurarlo perché mi sentivo bene e una volta che arrivò mio padre chiamammo l'ambulanza che mi portò all'Ospedale di Arezzo.

Dopo vari accertamenti decisero di dimettermi perché secondo loro avevo soltanto una contusione alla spalla ma c'era qualcosa che non mi convinceva molto…

Cominciai infatti a sentirmi un pò strana e a percepire come delle vampate di calore nella parte destra del viso; il punto dove avevo battuto, e dopo un pò a vederci male e a travisare le parole. Insistetti per farmi fare una risonanza e venne così fuori la sorpresa. Avevo un ematoma epidurale alla testa e decisero di tenermi in osservazione una notte!

Durante la mia permanenza ho sempre avuto l'affetto e il calore di tutti sopratutto della mia famiglia; anche di M anche se era mortificato e non sapeva che cosa fare.

Io non mi sentivo di incolpare nessuno perché era anche a causa mia se ero finita in questa situazione, mia e della mia testardaggine!

La permanenza in ospedale si trasformò in qualcosa di più complicato, perché la mattina seguente le mie condizioni erano peggiorate ed avevo avuto un versamento di sangue. Per chi si impressiona, consiglio di interrompere qui la lettura del libro anche se io non ho nessun problema a descrivere quello che mi è successo, ho imparato ad accettare quasi tutto nella vita anche le difficoltà e le cose di questo tipo, per quanto possano essere difficili da accettare.

Mi trasferirono la mattina seguente all'Ospedale Le Scotte di Siena. Arrivò l'elicottero, mi caricò e partimmo. A dir il vero ruppi le scatole durante tutto il viaggio per tenermi sveglia e vigile, cominciai a fare domande ai piloti e al dottore che era lì a bordo e in un certo senso nonostante tutto ero entusiasta di fare il viaggio a bordo di un elicottero per la prima volta.

Quando mi ricoverano accettai tutto tranquillamente, ma lo ammetto, me la feci sotto quando per caso sentii dire da uno degli infermieri che avrei potuto perdere la memoria. Quello si che mi fece davvero paura!

In un certo senso è stata un'esperienza per certi aspetti interessante che mi ha permesso di scoprire più me stessa, anche se purtroppo non posso dire lo stesso per quanto riguarda i miei genitori che ne rimasero traumatizzati. Per loro è stato un vero shock!

Ho sempre accettato tutto quello che mi succede senza farmi tanti problemi, credetemi! Mi fanno più soffrire altre cose e per dirne una l'allontanamento di M mi ha fatto star male mille volte di più!

Tra le cose che mi hanno fatto soffrire non metterei in lista l'intervento chirurgico che ho dovuto subire e che anzi ho brillantemente superato ma le continue litigate di M con i miei genitori e a volte anche con i suoi, e quando andavo a casa sua e venivo trattata non molto bene dalla sua famiglia che non perdeva occasione, sopratutto sua madre di ripetermi che dovevamo andarcene a stare per gli affari nostri.

Sono queste le cose che mi hanno fatto star male non le cadute o le fratture, io a quelle ci sono abituata!

L'altra caduta, come ho scritto in precedenza è stata quella al femore ma ve ne avevo già parlato, sempre a causa della mia testardaggine. Questa volta eravamo da soli in casa e dopo aver fatto il bagno, lui mi chiese se volessi farmi portare in braccio o uscire da sola dalla vasca da bagno. Siccome volevo sentirmi come quelle Principesse dei film che si fanno portare in braccio dal proprio cavaliere, scelsi di farmi prendere da lui e cosa successe? Patatrack! Scivolò su un pò di acqua che si era formata in bagno e cademmo tutti e due. Lui non si fece niente mentre io mi ruppi femore e coccige, e dovetti restarmene per molto tempo a letto.

Ovviamente non ci sono stati soltanto momenti brutti nella nostra relazione ma qualcosa di bello c'è pur stato.

Le vacanze per dirne una. Quando andammo a Torino fu una bella vacanza! Avevo organizzato tutto nei minimi dettagli con un sito che si occupa di organizzare vacanze nei minimi dettagli, era tutto perfetto ed eravamo pronti per la partenza.

Fu una bella vacanza e mi trovai molto bene; alloggiammo in una specie di magazzino adibito a Bed & Breakfast, ci consegnarono la chiave e a quel punto disponevamo di una camera tutta per noi e della massima libertà. A quel tempo, dovete sapere che avevo deciso di intraprendere la strada per diventare vegana; per chi non conoscesse l'argomento si tratta di eliminare dalla propria alimentazione ogni cosa contenga derivati animali di qualsiasi tipo tra cui latte burro e uova ma non solo! Il veganesimo comprende non soltanto l'alimentazione ma anche l'abbigliamento, era uno stile di vita che mi piaceva molto. Lo facevo per etica, dopo aver visto un documentario dal titolo "Earthlings" dove viene spiegato che cosa succede ai nostri amici animali, però, contrariamente a quanto si pensa, M. lo diventò molto prima di me quindi fui io a convincerlo e non il contrario! Quell'agenzia di viaggi online mi aveva persino organizzato il percorso nei migliori ristoranti e bar che offrissero un menu sia vegetariano che vegano.

Ho trovato Torino una bellissima città, molto culturale e ricca di cose da vedere. E di cose eccome se ne ho viste! In particolare mi hanno colpito il Museo Egizio di Torino con le sue mummie e tombe affascinanti, la Casa dei Savoia, il Museo del Cinema e la famosissima Mole Antonelliana, A Torino poi ho avuto modo di fare la conoscenza anche di Kiruri ovvero Sabrina, una mia cara amica conosciuta su un forum.

Anche il soggiorno fu molto piacevole e il personale davvero gentilissimo e disponibile.

Non tutte le vacanze assieme però sono riuscite col buco, infatti un giorno andammo anche in un Agriturismo indiano in provincia di Aboca e lì fu veramente una vacanza da dimenticare! Non starò a farla lunga ma tra una cosa e l'altra mi sono trovata davvero male. Venimmo trattati male e anche scacciati perché ce ne stavamo per conto nostro e non ci piacevano le usanze locali ma la cosa che più mi ha dato fastidio è stata che si mangiava veramente poco!!

Una volta chiesi persino che cosa ci fosse dopo quelle portate e mi fu risposto nulla. Immaginate il mio sbigottimento! Io, che sono una tal golosona ritrovarmi davanti ad un misero piatto con 30 grammi di pasta si e no e qualche fagiolo fu un vero e proprio shock!

Ci rimasi così male che decisi di concludere la vacanza in anticipo e ci fu fatto pagare addirittura per intero!

Oltretutto era un posto molto strano, oserei direi inquietante, con quella finestrella che si affacciava in camera nostra e che non serviva praticamente a niente!

Un'altra bella esperienza invece è stata quando siamo andati a Firenze e ho visitato tutto da sola "Il museo dei serial killer", l'ho trovato affascinante anche se non nascondo una certa paura quando entrai nella sala . M. se la faceva sotto dalla paura e non volle entrare con me mentre io non mi facevo nessun problema.

Una storia come tante forse, ma che mi ha lasciato un segno e purtroppo che non ricordo con molto piacere. In un certo senso mi pento di non essermi accorta prima di con chi stavo, in un certo senso non mi sento di incolparlo totalmente; incolpo più la sua famiglia perché non ha mai saputo come comportarsi ne con me ne con lui, però a mio avviso era meglio chiuderla prima questa relazione.

Il giorno in cui mi lasciò lo fece così, senza tanti problemi, come se si trattasse di andare a fare una scampagnata, lo fece con freddezza, mi disse semplicemente che non mi amava più. Fu un duro colpo. Lì per lì cercai di trovare a tutti i costi una spiegazione, di capire che cosa avevo fatto di male, che cosa avevo sbagliato e di creare persino dei compromessi; dalla disperazione gli proposi persino uno "scambio di coppia".

Non ci fu modo però di fargli cambiare idea, mi aveva lasciato. Punto. Non avevamo mai litigato, mai nemmeno un giorno, eppure quel giorno era finito tutto di colpo. Non riuscivo a crederci!

Era vero che era diverso tempo che non mi trovavo più bene con lui, i rapporti sessuali non erano soddisfacenti anzi erano del tutto assenti e il suo carattere aveva cominciato anche ad irritarmi; certe volte non vedevo l'ora che se ne andasse perché mi dava fastidio persino il tono della sua voce. Forse sono proprio quelli i segni che ti fanno capire che non si ama più la persona con cui ci si è fidanzati.

Oltretutto era anche vero che ne aveva combinate tante alla mia famiglia, aveva rischiato persino di farmi dividere del tutto da loro, perché non sopportava che i miei si preoccupassero per me. Tante, troppe volte aveva litigato duramente con mia mamma e insultato sia mio padre che mio fratello, delle volte avevo avuto paura che sarebbero arrivati persino a prendersi a botte.

Loro dicevano che mi aveva in qualche modo traviato, che mi aveva messo in testa delle idee che non erano mie. Non era del tutto vero, lo seguivo ma perché mi piacevano le sue idee e perché eravamo in sintonia, forse il nostro era un rapporto un pò troppo in simbiosi in effetti…

Una relazione poi non si basa soltanto su scambi di opinioni, reciproci interessi e cultura, una relazione è l'unione di 3 elementi, Corpo, Cuore e Testa e questo ancora non lo avevo capito.

Quando finii in ospedale e prima che mi lasciasse M, ci fu un litigio piuttosto importante. Ricordo tutto benissimo! C'era stata l'ennesima litigata con mia mamma perché M mi aveva accusato di essere ancora una bambina che si fa trattare come una stupida da un genitore, nonostante fossi convalescente cercai con pazienza di dirgli che doveva cercare di comprendere i miei che facevano così perché mi volevano bene, ma lui invece di capire cominciò a sbraitare e se ne andò di corsa dall'ospedale.

Quando la notte rimasi sola stavo piuttosto male, non soltanto fisicamente; perché la gamba mi dava dei problemi ma anche e sopratutto emotivamente e così sfogai tutte le mie lacrime al telefono con la mia cara amica Francesca.

Rimanemmo al telefono fino a mezzanotte e ci facemmo molte risate sfottendo il malcapitato M e pure lei mi consigliò di lasciarlo nel suo brodo.

Il giorno del suo allontanamento è stato per me una liberazione. Mi sono resa conto di tante cose di cui prima non ero assolutamente consapevole.

Mi sono resa conto che lui non era il tipo dei miei sogni, che mi limitava molto e che non mi faceva sentire valorizzata.

Il mio primo giorno da single scoprii che cosa voleva dire andare in giro da soli. La bellezza nel poter fare ogni cosa da soli; come ordinare un cappuccino in un bar ad esempio! Si perché dovete sapere che quando ero fidanzata con lui tante cose non le avevo mai potute fare perché le faceva lui al posto mio e perché non disponevo ancora di una carrozzina elettrica.

Da single ho ritrovato finalmente me stessa.

Dopo essermi goduta per un bel pò la vita da single, ebbi però dopo qualche anno una brutta ricaduta psicologica.

Nonostante tutto non riuscivo ancora a dimenticarmi di lui. E come se non bastasse M. mi ricercò scrivendomi delle mail dove in qualche modo cercava di scusarsi e dove in parole povere chiedeva di poter tornare con me. Era assurdo!

Non cedetti, sopratutto perché avevo scoperto ulteriori cose che mi facevano star male tra cui un tradimento quando io ero ancora fidanzata con lui da parte sua con un'amica di sua mamma. Si disperò talmente tanto, al punto da minacciare di farla finita se non fossi tornata assieme a lui, che ero sul punto di cedere, ma poi ripensai a tutto quello che era successo e decisi di tagliare definitivamente i ponti. A causa di questa persona ho dovuto intraprendere più e più volte vari percorsi psicologici, ho dovuto cambiare più volte psicologo perché non riuscivo nemmeno più a guardare film d'amore o simili senza farmi venire un vero e proprio attacco di panico.

Proprio io, che in un certo senso mi sono sempre promessa di non permettermi di star male, stavo davvero da cani!

Erano serate davvero orribili. Ricordo che mi venne un attacco di panico che non so come riuscii a rimandare indietro, persino mentre leggevo un libro sui vampiri!

Ho dovuto persino frequentare un "Gruppo di gestione dell'ansia" e pian piano ho imparato a fronteggiarli ma devo ammettere che non è stato affatto semplice.

Ricordo anche che mi davano fastidio le coppie, quando passeggiavano man mano per mano due bei fidanzatini mi assaliva un gran nervoso e mi sentivo anche in colpa.

Dopo ulteriore lavoro su me stessa ho superato anche questo trauma.

Sapete … C'è chi non capisce come mai sono stata insieme ad una persona per tutti questi anni se questa mi faceva star male. In un certo senso me lo sono chiesta anche io…

La risposta che posso dare è che non è semplice quando questa persona soffre di depressione piuttosto grave e minaccia di suicidarsi o di fare qualcosa, lasciarla al suo destino. Ti senti in colpa doppiamente in quel caso e poi volevo in tutti i modi aiutarlo. L'ho sempre detto e me l'hanno sempre detto che sono troppo buona! La mia bontà credo che mi farà sempre finire in qualche guaio.

Comunque sono anche queste esperienze che insegnano. In ogni cosa c'è molto da imparare.

Il sesso questo sconosciuto

Un ulteriore luogo comune riguardante la disabilità è credere che non si possano avere dei rapporti sessuali, si pensa che siamo come degli "angeli asessuati".

Non so perché si pensi ciò, forse in qualche modo è collegato alla mentalità cristiana o forse no, ma l'ho sentito dire molto spesso.

Ora, a meno che non si abbiano delle grosse limitazioni per cui risulti impossibile provare piacere o auto-provocarselo, la cosa non è del tutto vera.

Ci sono sì persone che hanno difficoltà anche nella masturbazione ma nella maggior parte dei casi non è così.

Voglio dire, non siamo tutti esseri umani? Non abbiamo tutti un corpo più o meno sviluppato? Abbiamo 2 occhi, un naso e una bocca, organi sessuali come tutti e quindi? Dove sta il problema? Non capisco!

E' una frase piuttosto irritante da sentirsi dire e un credo assai stupido e banale pensare che non si possano avere rapporti sessuali. C'è anche chi per colmo dei colmi crede addirittura che non si hanno nemmeno delle fantasie!

Vi posso assicurare che non è così anzi! Molte persone disabili hanno delle fantasie anche piuttosto sviluppate e forse anche più di altre!

Non voglio scendere nei dettagli perché non credo che la cosa vi interessi ma anche la sottoscritta non è di certo una Santa! :)

Una volta ho letto un libro molto bello e ho avuto anche il piacer di conoscerne l'autrice, intitolato "L'Accarezzatrice" che poneva come argomento il tanto discusso tema de "L'assistenza sessuale per i disabili".

Si sente parlare molto di questo argomento; non sono un'esperta ma ciò che posso dire è che tutti devono avere diritto ad una propria vita sessuale.

Prima di leggere il libro di Giorgia Wurth; simpaticissima e bravissima oltretutto; ero totalmente all'oscuro di questo argomento e avevo io stessa molti pregiudizi. Credevo infatti che la figura dell'assistente sessuale fosse una sorta di prostituta ma mi sbagliavo di grosso!

In realtà questa figura è una sorta di educatore che si occupa di far capire alle persone che non hanno mai avuto esperienze di questo tipo che non c'è nulla di male nello scoprire il proprio corpo e i propri bisogni sessuali.

Nel libro viene descritta persino una persona con la mia stessa condizione ed anche per questo l'ho trovato interessante.

Conoscerla è stata un'esperienza davvero intrigante, mi sono trovata davanti una persona che le cose le sapeva e che l'argomento lo conosceva alla perfezione e quando si è sentita contestata non ho perso occasione per difenderla.

Non starò a dirvi altro del suo libro perché secondo me leggerlo merita davvero e non voglio rovinarvi la sorpresa! :)

Come ho scritto in precedenza per me il sesso è sempre stato un argomento tabù. La mia famiglia non me ne ha mai parlato ed a scuola Educazione sessuale non ne abbiamo mai fatta, e così da adolescente lo ripudiavo altamente.

Mi faceva davvero schifo vedere i corpi nudi degli uomini in televisione ed evitavo accuratamente tutto ciò che fosse lontanamente contenente qualsiasi scena di nudità.

Il sesso per me era il Male, da evitare ad ogni costo e mi sembrava assurdo. Avevo giurato a me stessa che ne sarei sempre stata lontano con tutte le mie forze.

Con la scoperta del mio corpo però e durante la crescita ho capito che avevo delle fantasie anche io e che questo "mondo" non era poi tanto male.

Adesso la mia opinione verso tutto ciò è completamente cambiata. Credo che ognuno debba essere libero di vivere la propria sessualità come meglio crede. Non sono omofoba e sono a favore delle coppie omosessuali sia che si tratti di rapporti tra uomini che tra donne, non ho pregiudizi in questo senso di nessuno tipo; non a caso riguardo a questo ho anche scritto un libro.

Sono molto aperta a qualsiasi scambio di opinioni ma non sopporto la volgarità e trovo che l'erotismo debba essere raffinato ed elegante, mai esagerato e trovo che alcune fantasie sessuali siano in un certo senso anche una forma d'arte; come ad esempio il bondage o il BDSM in generale.

Passioni

Per parlare un pò delle mie passioni una citazione a parte lo merita il teatro.

Ebbene si, ho frequentato per molti anni un "Corso d'Improvvisazione Teatrale" tenuto in un centro di aggregazione per giovani chiamato "Arezzo Factory".

Cominciamo dal principio!

Ho sempre sentito come una specie di spinta dentro di me e c'è stato un periodo che sentivo una sorta di pulsione interna che voleva a tutti i costi che intraprendessi qualcosa di nuovo.

Una sera come tante, mentre navigavo su internet, incappai sul sito di Arezzo Factory e mi si parò davanti un "Corso d'improvvisazione teatrale". Ovviamente non avevo la più pallida idea di che cosa fosse!

Incuriosita cercai in tutti i modi di capirne qualcosa; dopo aver ricevuto una brutta delusione da parte di un'altra compagnia teatrale che non mi aveva voluto. Mi informai su che cosa fosse ma nn ci capii granché e decisi di provare a frequentare almeno la lezione di prova.

Appena arrivai trovai subito un ambiente simpatico e allegro, a dirla tutta mi sembravano tutti matti e pensai sorridendo tra me e me che questo era proprio il posto adatto a me!

Iniziò così il mio amore per questo incredibile mondo!

C'è un motivo in particolare per cui mi appassionai al teatro, era un periodo in cui come al solito mi sentivo sola e non sapevo che cosa fare, così, ogni sera mi mettevo a guardare su YouTube tutto il Musical dello spettacolo di Notre - Dame De Paris; uno spettacolo davvero superlativo, pensate un pò che mi è piaciuto talmente tanto da spingermi a rivederlo per ben 12 volte!

Volevo fare teatro a tutti i costi, anche se non ne ero esperta e non lo sono nemmeno tuttora e così mi misi a cercare questo famoso corso.

Ricordo le tante lezioni e le risate, risate così forti da farti venire anche il mal di stomaco, da piegarsi in due!

E ricordo benissimo l'emozione che mi assaliva ogni volta che salivo sul palcoscenico e l'adrenalina che scorreva a mille quando tornavo a casa soddisfatta e felice di aver fatto ridere il pubblico.

Ho conosciuto delle persone davvero fantastiche e tra queste ricordo e cito con piacere i maestri Mirko Manetti e Alberto Ceville che sono stati in grado, con pazienza di insegnarmi molte cose; e ammetto che con me di pazienza certe volte ce ne vuole!

Non credo di avere mai avuto delle doti particolari però, e rispetto ai miei compagni sono sempre rimasta un passo indietro perché sono un pò individualista e non sono molto brava nel lavoro di squadra.

Spesso ci parlavamo sopra ma era un problema di tutti. Una cosa in cui trovavo maggiore difficoltà era quando si trattava di mimare i gesti, come ad esempio i lavori domestici perché purtroppo, sia per un motivo che per un altro non ho mai fatto molte faccende a casa mia e di questo me ne rammarico molto.

Per chi è totalmente all'oscuro dell'argomento spiego subito di che cosa si tratta quando parliamo di "Match d'Improvvisazione Teatrale". In pratica ci si divide in due squadre e si ha un tot di minuti a disposizione per cercare di improvvisare una scena, ci viene dato un titolo e un argomento; ma non è sempre così e dobbiamo appunto improvvisare.

Il ricordo del primissimo spettacolo; per la precisione il saggio di fine anno, è ancora impresso in modo indelebile nel mio cuore. Ero davvero molto tesa, avevo come dire … il cosiddetto cagotto!! In pratica me la stavo facendo letteralmente addosso; ero talmente tesa che mi feci fare una camomilla da mamma per rilassarmi, poi a poco a poco mentre facevamo il riscaldamento la tensione cominciò a scendere e riuscii a calmarmi del tutto.

Era meraviglioso trovarsi davanti 100 o più persone; a volte anche meno però, che sono lì anche per vedere te, si è vero .. lì per lì te la fai sotto ma sono emozioni che difficilmente potresti provare in altre cose. Non mi pentirò mai di aver scelto quel corso! E' stata una delle esperienze più belle della mia vita!

A vedere gli spettacoli in cui partecipavo invitai anche la mia vicina di casa Paola e la sua famiglia, che assieme alla mia fecero un gran tifo ed io ne approfittai dal palco per salutarli.

Lo ammetto, sono sempre stata un tipo molto competitivo e mi gaso moltissimo quando ho davanti un pubblico che si aspetta da me grandi cose.

Nel teatro sono sempre andata bene a interpretare i cattivi! Ehi dove scappate ? In fondo non lo sono poi così tanto dai. Che ci posso fare? E' sempre stato così e loro in me hanno sempre esercitato un certo fascino ma lasciamo perdere questi inutili dettagli e procediamo oltre.

Una volta ho persino improvvisato il ruolo della matrigna di Cenerentola e mi sono divertita molto! Una cosa che mi è sempre piaciuta di questo mondo è ciò che mi hanno insegnato e cioè che non bisogna essere bravi per forza e che se si sbaglia non importa poi molto anzi, e sopratutto che l'importante è divertirsi, è sempre stata una mia filosofia di vita e ho avuto molto piacere nel constatare che anche i maestri la pensavano come me.

Dopo un po' di anni passati a improvvisare mi era però venuta voglia di diventare addirittura maestra del corso d'improvvisazione ma ho accantonato subito l'idea, per prima cosa perché ci sarebbero voluti anni e anni di studi ed esercitazioni e poi perché ho capito che non era la mia vera vocazione. Sapete … è come quando siamo bambini che si sogna di fare l'astronauta o che so … il fumettista!? Sono quei sogni che poi svaniscono perché non sono cose che vuoi fare davvero.

Dopo qualche anno ho smesso di improvvisare sia per motivi economici che per motivi di tempo. Ma prettamente per questioni di soldi.

Nella mia vita ho avuto sempre molte passioni, oltre al teatro anche il nuoto che ho continuato a praticare per più di 10 anni.

Frequentavo allora la piscina di Viciomaggio, più precisamente l'Istituto Medaglia Miracolosa, ovvero un centro di riabilitazione gestito sia da Suore che da Fisioterapiste. Era gestito da loro appunto e al suo interno vi era la possibilità di fare del nuoto, con annessi anche dei corsi, ma anche le classiche fisioterapie a terra. Siccome quando ero in Francia mi fu raccomandato di nuotare molto, perché mi avrebbe fatto bene alle ossa e in particolare alla colonna vertebrale, quando tornai in Italia decisi di continuare e così mi iscrissi a questo istituto tramite la ASL.

Voglio mettervi però al corrente di alcuni episodi interessanti e divertenti (spero), tanto per cominciare da piccola avevo una tremenda paura dell'acqua e sopratutto di nuotare. La prima volta che mi fecero entrare in piscina strappai letteralmente il costume della mia insegnante dallo spavento.

C'era mio padre a guardarmi, ricordo la sua aria severa e siccome ho sempre avuto grande considerazione di lui e del suo parere, nel momento in cui mi rimproverò me la presi così a male che imparai quasi immediatamente a nuotare e diedi così un calcio alla mia paura!

Da quel giorno feci un cambiamento radicale, diventai molto brava nel nuoto e scoprii che non solo non c'era niente da temere ma anche che era divertente e rigenerante.

Quando mi immergevo provavo delle bellissime sensazioni, sentivo la calma pervadere ogni cellula del mio corpo, era proprio un toccasana! Ci andavo spesso, circa 3 volte a settimana, il Lunedì, il Mercoledì e il Venerdì dopo pranzo e vi rimanevo per circa 41 minuti anche se volevo sempre rimanere di più.

Durante tutti questi anni di nuoto quando avevo con me la mia insegnante, la Manola e successivamente la Donella imparai molto, appresi persino a fare le apnee pensate un pò!

Era bellissimo far scivolare il corpo sott'acqua per toccare il fondo!! Spesso mi divertivo anche a fare dei piccoli spettacoli raccogliendo degli oggetti sul fondo o passando in mezzo alle gambe delle persone. Certe volte però, a causa del mio perfezionismo volevo strafare e visto che chiedevo troppo ai miei poveri polmoni rischiavo di lasciarci le penne, rimanendo senza fiato! Mi capitò più di una volta di essere raccattata dagli amici che facevano i corsi con me.

In piscina non ho mai avuto nessun problema a socializzare, ho conosciuto molte persone davvero simpatiche tra cui che una che ricordo in particolare, la Valeria! Lei faceva nuoto come me ma più per fisioterapia e insieme scherzavamo e parlavamo un pò di tutto, era nata una bella amicizia.

Quando però la mia insegnante fu costretta ad andare via e subentrò Suor Nadia, che sebbene fosse molto brava e simpatica, la passione un pò cessò e pian piano smisi di andare a nuoto.

Devo ammettere però che ogni tanto la voglia di tornare a nuotare mi ritorna! Beh chissà … magari in futuro potrei anche riprovare! Mi piacerebbe fare le gare però!

Un'altra mia grande passione, che ho sempre avuto fin da piccolina ma che purtroppo ho un pò abbandonato è il disegno. Fin dalla tenera età di 5 anni ho disegnato, mi piaceva sopratutto disegnare in stile "manga", come nei fumetti giapponesi e creare delle vere e proprie storie in cui spesso finivo per immedesimarmi. Ho frequentato per qualche periodo anche un corso di fumetto ma poi ho dovuto smettere a causa di problemi di salute familiari e perché in fondo non mi piaceva granché.

Il disegno schematico però non mi è mai piaciuto, io disegno di getto, disegno quello che mi viene e non penso di essere molto brava a differenza della mia amica Francesca che è davvero un'artista eccellente!

Oltre al disegno sono sempre stata appassionata come ho già scritto, di tutto quello che è culturale, libri di cui ho una discreta collezione; a dir il vero potrei benissimo fare concorrenza sia ad una fumetteria che ad una libreria, ai film sopratutto a quelli di stampo psicologico; persino gli Horror di quel tipo lì come ad esempio Shining mi hanno sempre affascinato molto! Sono sempre stata insomma un tipo molto eclettico, che cambia spesso passione e ideologie.

Quella volta che diventai vegana lo feci sia per etica sia perché volevo trovare un modo per riuscire a mangiare di tutto. Ok ok lo so che come motivazione non è granché ma volevo comunque provare.

In quel periodo i miei però non erano molto contenti! A dir il vero ho fatto letteralmente impazzire mia mamma che non sapeva proprio che cosa cucinarmi! In quel periodo ordinavo pacchi e pacchi da vari siti vegani e tutte le volte che mi arrivava qualcosa o che mangiavo qualcosa di nuovo, ero felice come una bambina piccola a cui regalano il primo giocattolo!

Forse sono un tipo piuttosto semplice ma mi entusiasmo facilmente e questo lo so che è tipico dei bambini, ma spero davvero con tutto il cuore di non perdere mai questo mio amore per la Vita e per tutto quello che la riguarda.

Ho mangiato davvero di tutto, a cominciare dal seitan, al tofu e persino al pesto di canapa! A proposito di questo, un giorno lo comprai, nonostante mi fu raccomandato di "usarne poco", come a mio solito mi feci prendere la mano e ne misi molti cucchiaini sulla pasta; più del dovuto insomma, e beh vi lascio immaginare che cosa mi successe! In parole povere mi addormentai in un batter d'occhio, mi fece uno strano effetto soporifero insomma!

Essere vegan è stata comunque una bella esperienza e non mi pento di averla fatta, anzi la rifarei volentieri, mi ha permesso di conoscere un mondo a me sconosciuto e alimenti di cui non avevo nemmeno mai sentito parlare.

Sono persino stata alle sagre dedicate al veganesimo come ad esempio il Veganfest di Camaiore e la Sagra del Seitan di Arezzo.

Forse però le mie motivazioni etiche non erano abbastanza forti ed è per questo che ho smesso, per non parlare del problema economico, si perché purtroppo spendevo davvero molti soldi per fare la spesa! Non spendevo mai meno di 70 euro!!

Lo so lo so, se qualche vegano mi sta leggendo in questo momento potrebbe dire "Non c'è bisogno di spendere tanti soldi per mangiare bene!" Si è vero questo ma purtroppo c'è da dire che sono sempre stata un tipo parecchio goloso ed esigente in fatto di cibo, insomma mi volevo trattare bene anche da vegana. Una cosa però che mi ha deluso di questo "mondo" è stata che dopo essere "tornata indietro" ho perso tutti coloro che consideravo miei amici, segno che quindi tanto amici proprio non lo erano.

Ho capito che ci si frequenta soltanto tra simili ma questo non lo trovo molto giusto.

La mia lotta vegana però non si fermava soltanto all'alimentazione o all'abbigliamento ma ho fatto anche dei sit-in contro il Circo, contro le pellicce, gli acquari e tanto altro ancora, perché sono sempre stata contro queste cose.

Voglio dire, perché dobbiamo vedere degli animali che nel loro habitat naturale queste cose non le farebbero? E perché dobbiamo indossare animali morti?

Una cosa particolarmente difficile però di quando ero vegana che ho riscontrato è stato il "come vestirmi", in particolare le scarpe. Ricordo che una volta feci davvero impazzire mio padre perché non volevo che sotto le suole delle scarpe, nell'etichetta ci fosse la scritta "contiene pelle", così dovetti fargliele cambiare per ben 2 volte! Poveri genitori, che pazienza con una figlia come me! Purtroppo ora come ora non ho tanto di buon occhio le persone vegane ma non voglio generalizzare, ognuno fa le sue scelte.

Ero così fanatica di questo "movimento" a quel tempo, che feci arrabbiare moltissimo la mia famiglia buttandogli via tutti i prodotti che secondo me erano da eliminare, come shampoo, creme, prodotti per il corpo e quant'altro.

Immaginate che gioia mia mamma e mio papà!!

Insomma come ormai avrete capito di passioni ne ho sempre avute tante, però mi è sempre mancato una cosa .. qualcuno con cui condividerle.

L'altra metà del cuore

"Vorrei qualcuno con cui condividere il mondo attorno a me e le mie passioni, qualcuno con cui poter parlare di tutto, qualcuno che merita" (Ilaria Bidini)

Queste erano le parole che per anni e anni mi sono ripetuta ininterrottamente. Queste erano e sono sempre state le parole che fino ad ora non hanno mai trovato una risposta. Non tutti sono disposti a mettersi in gioco e a intraprendere una relazione con una persona che ha un handicap, in particolare modo con chi ha l'Osteogenesi Imperfetta.

E' difficile fare del sesso a causa dei pregiudizi e dell'ignoranza che la mancanza di informazione verso questa condizione comporta! Figuriamoci avere una relazione!

Molti uomini ne sono spaventati; anche se non ho mai capito da che cosa, e spesso se si tratta di iniziare qualcosa di più serio di un'amicizia fanno un passo indietro o certi spariscono pure.

Mi è sempre stato rimproverato dalle persone che avevo attorno, anche in chat, che insistevo troppo nel cercare qualcuno e che non bisogna cercare in modo ossessivo ma aspettare che la persona ti trovi per prima.

Ho sempre creduto che fosse una grandissima bischerata, per dirla alla Toscana, ma poi ad un certo punto mi sono ricreduta.

Ma non voglio rovinarvi la sorpresa! Se state con me avrete modo di capire di che cosa sto parlando.

Ho passato interi anni nella ricerca di questa persona, mi sono iscritta ai peggiori siti, persino a quelli di Agenzie matrimoniali più o meno serie, ho messo anche molti annunci dove ho lasciato la mia email e molti mi scrivevano, ho conosciuto insomma moltissime persone.

Quando mi iscrissi a Badoo cominciai a fare degli incontri, ma più di amicizie non sono mai diventate. Su questo sito ho conosciuto molti amici, tra cui Marco e Alessio e sono nate appunto delle belle amicizie e ho fatto anche qualche incontro al buio ma che sono stati delle bolle di sapone.

Un giorno misi un annuncio su un sito e dopo varie email mi scrisse un ragazzo più grande di me, si chiamava A. Questo ragazzo aveva circa 33 anni e non era di Arezzo, chattammo un pò e dopo qualche periodo decidemmo di vederci. Quando arrivò trovai come al solito a farmi da supporto morale la mia amica Francesca, ero tesa e mi faceva male lo stomaco, avevo una specie di formicolio dentro che non ne voleva sapere di andarsene. Non era una bella sensazione.

Appena lo vidi arrivare; ci demmo appuntamento per il Corso, notai subito un particolare, la sua altezza! Era una specie di gigante! Ero un pò intimorita e mi faceva strano camminare assieme a lui, io con la carrozzina e lui a piedi per le vie di Arezzo.

Parlammo e senza tanti problemi gli raccontai la mia storia, gli spiegai della mia nascita e con grande naturalezza gli spiegai che cos'era la mia condizione, andammo a mangiare un panino e pagò lui e poi ci sedemmo su una panchina. Lì tentò una specie di approccio, ma io ero troppo tesa e impaurita per lasciarlo fare e c'era qualcosa che non mi tornava. Sta il fatto che dopo quella giornata tranquilla non l'ho più rivisto, anzi vi dirò di più! E' proprio sparito del tutto e mi ha persino bloccato dal cellulare!

Bah ma chi li capisce certi individui? Ho cercato di chiedermi più volte che cosa potesse essere successo, se magari avevo detto qualcosa di male o se si era spaventato ma alla fine arrivai alla conclusione che voleva solo portarmi a letto. Lo capii per via di tutti i complimenti sull'aspetto fisico che mi aveva fatto.

Un altro incontro che ho fatto è stato con un altro ragazzo, sempre più grande di me dal nome piuttosto strano e che chiameremo C., nemmeno lui era di Arezzo e anche lui come A. dopo una giornata passata in libreria e dopo avermi baciato sparì così come era comparso. Fu come baciare un tavolino, nessuna emozione nemmeno allora.

Pure quella volta cercai di capire che cosa fosse successo e se magari anche stavolta avevo sbagliato qualcosa io.

Di delusioni d'Amore ne ho avute davvero tante! E una volta ho persino spezzato il cuore ad un ragazzo con mio grande dispiacere ma senza avere altra scelta. L'amore purtroppo non è soltanto una questione di sentimenti ma a volte quando ti trovi davanti a un problema più grande di te non c'è altra scelta se non di chiudere il rapporto. Mi sono molto sentita in colpa per questo ma spero che non abbia sofferto troppo, non l'ho fatto per cattiveria ma per una serie di motivi per lo più di carattere tecnico.

Insomma nonostante tutte le mie pantomime e seghe mentali alla fine tanto schifo alla gente non faccio. Il problema è che mi hanno sempre visto come giocattolo sessuale mentre io ho sempre voluto di più.

Con un ragazzo di Milano che però non ho mai visto di persona si era in particolare modo creata una certa intesa sessuale, ma come ho già scritto io ho sempre cercato un rapporto d'amore con sesso incluso, insomma volevo il pacchetto completo.

Era un tipo che in parte mi inquietava mentre dall'altra mi attraeva, e vedendo che la situazione non si stava mettendo tanto bene per il mio cuore e consapevole che sarei stata male se mi fossi legata a lui di più, decisi di tagliare i ponti con lui, è stato meglio così perché mi sono risparmiata tante inutili e certe sofferenze.

Insomma per farla breve in Amore ho sofferto tanto, non sono mai stata fortunata, proprio come mio fratello ed anche lui ha trovato molte donne che lo hanno soltanto preso in giro e si sono approfittate del suo buon cuore.

Forse è proprio questo il nostro problema infatti, che siamo troppo buoni e spesso chi lo sa se ne approfitta.

Anche con un altro ragazzo, vicino ad Arezzo, più precisamente a Sangiovanni Valdarno, non andò affatto bene. Per lui avevo letteralmente perso il cervello perché mi somigliava molto ed era un tipo acculturato e brillante. Il problema però è che non aveva mai voluto né parlare al telefono ne venire a trovarmi così con ulteriore sofferenza rinunciai anche a lui.

Non mi sono mai piaciuti i tipi "banali", sia chiaro è solo un opinione personale, ma secondo me i ragazzi che non sanno fare altro che raccontare dell'ultima partita di campionato o che non hanno mai letto un libro lo sono. Sono sempre stata molto esigente in Amore e questo perché non amo accontentarmi ed anche per questo mi è sempre risultato difficile trovare qualcuno, altrimenti mi sarei messa col primo stupido che mi diceva "Ti amo".

Il 2 Febbraio del 2014, in un'uggiosa sera come tutte le altre, e mentre stavo navigando annoiata su Facebook qualcosa accadde. Mi arrivò un messaggio piuttosto particolare e semplice da parte di un certo KDJ. La prima cosa che feci fu andare a vedere il suo profilo e la sua foto che lì per lì non mi entusiasmò affatto. "Un dj?" pensai "Per carità di Dio!"

Lì per lì lo snobbai ma poi dissi "Perchè non provare a parlarci?" Credevo che sarebbe stato l'ennesimo che mi scriveva per portarmi a letto o dirmi porcate notturne. A quell'ora non si connette molta gente ma i maniaci si! Quelli non mancano mai!

Dopo poco tempo notai che era felicissimo della mia risposta e mi scrisse che mi aveva trovato su Youtube. Mi chiesi come avesse fatto visto che su quel sito c'erano caricati milioni anzi miliardi di video! "Come ha fatto tra tante a trovare proprio me?" pensai "E sopratutto come ha fatto a trovare il mio profilo visto che non ho il cognome vero?" Era proprio un mistero!

Insomma dopo un pò mi resi conto che chattare con lui era davvero un piacere, mi disse di chiamarsi Federico e di abitare in un paese chiamato La California. Pensai che mi stesse prendendo in giro e cercai di capire se stesse scherzando o meno.

Cominciò a raccontarmi un sacco di storie divertenti e me ne appassionai talmente tanto che parlammo e chattammo per ore e ore!

Mi raccontò dei suoi vicini di casa, dei suoi amici e di tutte le cose che aveva e in breve tempo facemmo mattina senza nemmeno accorgercene.

I primi periodi di conoscenza però non lo considerai molto perché non volevo che pensasse male di me o di avermi già conquistato e me ne stavo un pò sulle mie.

Era poi il periodo che uscivo ancora con A, quindi ero un pò indecisa su quale storia mandare avanti.

La California, scoprii in seguito, era davvero un paese ma che contrariamente a quanto avevo pensato, non si trovava in America ma a Bibbona in provincia di Livorno. Era un paese piuttosto piccolino ma pittoresco, sicuramente meglio del paese del mio ex!

Cominciammo così una bella conoscenza che inizialmente era solo una bella amicizia fatta di reciproci interessi in comune e poi scoprimmo che eravamo simili e in sintonia anche dal punto di vista sessuale. Ci piacevano insomma le stesse cose.

Era fantastico ma non volevo illudermi troppo, volevo conoscerlo meglio per non rischiare di incappare nell'ennesima delusione e soffrire ancora.

La nostra relazione dapprima virtuale era fatta di telefonate e chat ogni ora e messaggini del buongiorno e della buonanotte, pieni di cose belle e le giornate passavano felici e spensierate. Era fantastico perché finalmente avevo trovato una persona con cui poter parlare di tutto e che fosse un pò come me.

Spesso mi sembrava di trovarmi davanti ad uno specchio, infatti avevamo le stesse passioni, a entrambi ad esempio piacevano i videogiochi e i libri e tante altre cose ancora e condividevamo lo stesso amore ed entusiasmo per la vita.

Cominciammo anche a provocarci sessualmente ed era molto intrigante. Federico mi prendeva totalmente, sia nella testa e piano piano anche nel cuore. Sapeva accendere i giusti interruttori e la mia mente vagava persa in mille fantasie.

Nella mia testa c'era altro che lui e non vedevo l'ora di svegliarmi la mattina per vedere se mi aveva scritto un sms e ogni volta che ne ricevevo uno sorridevo felice consapevole che la giornata era iniziata nel migliore dei modi.

Scoprii però che lui aveva sempre avuto un pò di difficoltà nell'andare da qualcuno, così decisi di ideare un sistema per poter andare io da lui. Ero decisa a fare questo, mi serviva soltanto qualcuno che mi desse una mano.

L'impresa era difficile, per non dire titanica ma dovevo in tutti i modi organizzarmi e volevo fare qualcosa che nessuna donna aveva mai avuto il coraggio di fare! Volevo inoltre che capisse che ci tenevo davvero tanto a incontrarlo e quale sistema era migliore se non quello?

Mi ero vestita con un bell'abito bianco e il cappello intonato con esso, mi truccai per benino e cercai di essere più elegante e sexy possibile; mandai la foto alla mia amica Chiara che mi disse che ero uno schianto e mi feci caricare in macchina.

Dopo molte insistenze fatte al mio babbo; ma non troppe a dir il vero perché Federico mi era stato molto vicino il giorno in cui mio fratello Mirko si era sentito male, decidemmo di partire. Sinceramente mio papà mi aveva stupito molto, proprio lui che era sempre stato contro gli uomini e contro il fatto che io trovassi qualcuno. Beh si vede che gli era rimasto simpatico in fondo!

Il viaggio fu davvero molto bello e spensierato, ero un pò tesa ma non come le altre volte, non era quella tensione che ti fa star male e ti fa sentire lo stomaco.

Mi aveva spiegato la mia amica Chiara, che non appena trovi la persona giusta e la guardi negli occhi lo capisci subito che è quello "ideale", perché il senso di tensione svanisce. Io lì per lì non ci credevo molto, beh era l'occasione anche per verificare se fosse vero!

Appena arrivati non lo trovai subito in casa e lì per lì mi preoccupai, e mio padre sempre scettico per natura, lì per lì credette che non si sarebbe presentato, e invece con mia grande sorpresa arrivò in compagnia di alcuni suoi amici e con in mano un sacchetto.

Appena lo vidi i miei occhi si illuminarono, non so spiegare il perché ma era come se io e lui ci fossimo conosciuti da sempre tanto l'incontro fu naturale e bello.

Mi accolse con grande galanteria e simpatia e appena entrammo in casa rimasi meravigliata dalla bellezza dell'arredamento, dalla cura e da quanti oggetti egli possedesse.

Era come essere entrati in una sorta di Altra dimensione, una specie di Casa - Museo ricca di cose interessanti!

Incuriosita mi misi a osservare ogni cosa, ma in particolare guardavo lui che già mi affascinava con la sua parlantina e i suoi modi. Fu molto gentile anche con i miei genitori e a mia mamma regalò una bellissima orchidea.

Non appena rimanemmo soli sentii subito una certa attrazione e una voglia incredibile di baciarlo ...e non solo!!

Insomma la sintonia che avevo provato via internet, per vie virtuali era come se si fosse moltiplicata.

Passammo una bellissima giornata e quando dovetti andar via non ero triste ma rimasi con un sorriso ebete per tutto il viaggio. Qualcosa mi diceva che mi ero innamorata a prima vista, il classico colpo di fulmine!

Raccontai tutto quanto alla mia amica Chiara che mi sentì al settimo cielo e si complimentò con me e volle sapere tutto per filo e per segno.

Da allora sono stata altre volte a "La California", la seconda volta assieme a dei cari amici, Stefano ed Emanuela che dopo essermi venuti a prendere si sono rimessi in viaggio. Anche allora fu un viaggio molto spensierato, accompagnato dalle splendide e romantiche canzoni di Eros Ramazzotti.

Gli spiegai che questo ragazzo per me era molto importante e che mi ero trovata molto bene con lui.

Una cosa che mi aveva colpito di lui in particolare, oltre alla bellezza; sopratutto agli occhi e al sorriso, era stata la sua capacità naturale di fare amicizia fin da subito e la sua allegria e spensieratezza, cosa che a me purtroppo è sempre mancata.

Quella giornata fu ancora più bella della precedente perché oltre a parlare accadde qualcosa che non mi sarei mai aspettata da parte sua.

Lui aveva preso una bottiglia di "Fontana Fredda" e dopo aver deciso di fare un brindisi al nostro incontro, i nostri visi si avvicinarono e ci baciammo. Fu un bacio inizialmente molto tenero e dolce che mi fece provare delle belle sensazioni, che non avevo mai provato in vita mia; nemmeno col mio ex, e pian piano più intenso e appassionato.

Capii che eravamo davvero attratti e presi l'uno dall'altra. Naturalmente i nostri ospiti erano andati a fare una passeggiata, anche se non ci saremmo vergognati più di tanto presumo.

L'intesa con Federico è sempre stata molto forte, siamo davvero molto simili e abbiamo davvero tanto in comune.

La terza volta in cui sono stata da lui è stata una vera e propria impresa. Questa volta con l'aiuto del mio amico Alessio. Glielo chiesi così, un pò per gioco non sapendo se mai avrebbe accettato.

Prendemmo il treno e non vi nascondo che appena mi ritrovai davanti quel mezzo un pò di paura mi assalì poiché avevo ancora il trauma di quella caduta di tanti anni fa.

Mi feci coraggio e dopo essere salita sul treno grazie all'assistenza e al mio amico partimmo verso "La California"!

Il viaggio fu piuttosto impegnativo però, poiché dovemmo prendere ben 3 treni per arrivare e non sarei stata nemmeno tanto, dovevo tornare il giorno stesso perché il mio amico non poteva pernottare fuori ma il gioco valeva la candela. Federico valeva tutto questo, non avevo mai fatto un "sacrificio" così prima d'ora ma finalmente avevo trovato qualcuno che meritava e non volevo buttare tutto alle ortiche.

Quando arrivammo ci accolse nuovamente tutto contento e io lo baciai con passione e dolcezza perché ero come lui molto felice di rivederlo. Congedato Ale rimanemmo nuovamente soli ma purtroppo il tempo passò troppo alla svelta e quando dovetti salutarlo mi dispiacque molto.

A differenza delle volte precedenti infatti piansi molto, mi mancava e avrei voluto che il tempo si fermasse per poter restare sempre con lui.

Sapevo che non era possibile però e che ognuno di noi aveva le nostre vite ed io la mia famiglia ma mi ripromisi di rivederci presto.

A "La California" ho conosciuto davvero tantissime persone, molte mi sono rimaste molto simpatiche e le ho trovate gentili disponibili, altre un pò meno, ma più o meno sono sempre andata d'accordo con tutti.

Quando Federico mi presentò a tutti come "la sua fidanzata" ero felicissima! Era come un sogno! Mi sentivo come dentro ad un film! Fino ad allora che avevo sempre pensato che la mia vita sentimentale sarebbe finita qui e invece ….

Mi ero davvero sbagliata questa volta e capii che era davvero questione di aspettare. Fino ad allora non lo avevo mai capito ed ero sempre stata io a cercare l'Anima Gemella.

Sapete, mi piace pensare che il nostro incontro non sia stato casuale, ma che in qualche modo sia dovuto al Destino o che le persone che ci sono care e che non ci sono più avessero voluto che in qualche modo ci incontrassimo. Mi piace pensare che siano stati i nostri nonni a farci conoscere, è un bel pensiero che mi rallegra il cuore ed io non li ringrazierò mai abbastanza.

Federico è stato per me un vero dono del cielo e spero di esserlo anche io per lui e sopratutto spero di dargli tutto l'Amore che dispongo e che non ho mai dato a nessuno.

Quando si trova una persona che merita non si desidera altro che la sua Felicità ed è proprio questo che voglio, ma per lui non mi sento soltanto una fidanzata. Lui fa parte di me!

Abbiamo davvero molto in comune, è come se si fosse in qualche modo delle Anime che dovevano incontrarsi molto tempo fa, oppure chissà se ci eravamo già incontrati in una vita precedente.

Il nostro rapporto, come tutte le storie del resto non è stato soltanto rose e fiori, e non c'entra affatto la disabilità anzi! Su questo infatti posso dire che lui non si è mai fatto problemi su quello che concerne la mia patologia, l'ha sempre accettata fin da subito e per dirne una e per dirla tutta … come dire … quando siamo a letto in intimità siamo soltanto un uomo e una donna e ogni handicap grande o piccolo che sia svanisce.

Sono una donna in tutto e per tutto e questo Fede lo sa bene; credo però che mettersi con una persona che ha una qualche disabilità non sia da tutti e che richieda una certa apertura mentale. Molti all'inizio si potrebbero spaventare anche se non ho mai morso nessuno ma per fortuna non è stato il suo caso, e nemmeno quello del suo babbo Luciano, che diversamente dal rapporto che avevo con la famiglia di M non si è fatto problemi anch'egli ad accettarmi per come sono. Forse lo stesso non posso dire di un'altra persona di cui non faccio il nome ma va beh … la cosa non mi tocca minimamente. Io devo piacere a Federico e soltanto a lui oltre che a me stessa.

Con i miei genitori non c'è stato né un rapporto né conflittuale né fenomenale ma tutto sommato non posso lamentarmi, anzi mi stupisco che i miei visto che sono sempre stati all'antica hanno accettato sin da subito che io mi fossi fidanzata con Federico.

Dopo un pò di tempo lui venne ad Arezzo, ero così felice che non riuscivo a crederci!

Sapete, non sono il tipo che non ama la vita o a cui piace lamentarsi di ogni cosa; contrariamente a qualcuno che lo pensa invece, ma trovo che il mondo sia più bello se condiviso con qualcuno con cui stiamo bene.

Federico non ha avuto un'infanzia molto felice purtroppo perché la mamma lo ha lasciato quando era ancora un ragazzino e lui è dovuto crescere con la sua nonna Ersilia; abbiamo anche una nonna in comune che però io non ho mai conosciuto e il padre si è in seguito risposato con una persona un pò problematica.

La sua storia mi colpì fin da subito e fin da subito ho cercato di immaginarmi come potesse essersi sentito e oltre al sentimento che provo e provavo per lui anche un altro tipo di sentimento si è fatto strada, la mia stima. Si lo stimo e lo ammiro, per avere avuto la forza di reagire davanti alle difficoltà e di farsi strada da solo nella vita, un pò come me. Il coraggio e la determinazione non gli sono mai mancati e ha sempre avuto persone attorno a sé che gli hanno voluto bene e ora ne ha una in più!

"Resilienza : In psicologia, la capacità di un individuo di affrontare e superare un evento traumatico o un periodo di difficoltà."

E' questa la chiave per andare avanti della vita! Davanti alle difficoltà, per quante esse possano apparirci a volte insormontabili sono dell'idea che non bisogna arrendersi o disperarsi subito"

Ad Arezzo ci siamo divertiti davvero tanto anche se ci sono stati dei giorni che lui non si trovava bene.

Ora come ora riesco a capire che cosa ha provato perché non è facile ambientarsi in un paese che non è il tuo con gente che non conosci. E' stato così anche per me, e poi diciamoci al verità, casa propria è sempre casa propria!

Come dice il detto "Casa mia casa mia per piccina che tu sia tu mi sembri una badia!"

Ad Arezzo ne abbiamo combinate di tutti i colori, è stato fantastico trascorrere i giorni assieme a lui a casa mia

Ci sono state talmente tante cose che abbiamo fatto che mi è difficile scriverle tutte.

Ricordo il primo giorno che Federico arrivò a casa mia, era stupito del nuovo ambiente, e io ebbi cura di mostrargli tutto e tutti i miei "aggeggi".

Come lui, anche io possiedo una discreta collezione di articoli geek, per chi non sapesse di che cosa sto parlando sono oggetti riguardanti videogiochi, libri, film e altro. In camera a momenti non ci entro più dalla roba che ho. Come lui ho sempre avuto queste passioni, e ho sempre avuto il piacere di aggeggiare con pc e computer fissi. Mi è sempre piaciuta la tecnologia insomma!

I primi giorni come ho già scritto, non sono stati semplicissimi ma la mia famiglia ed io abbiamo sempre cercato di farlo sentire subito a suo agio; lui però non è mai stato il tipo da uscire tanto e andarsene in giro a feste o mercatini mentre io si, e questo è stato a volte motivo di discussione.

In Federico non ho trovato soltanto un fidanzato ma anche e sopratutto un COMPAGNO DI VITA, che mi ha persino aiutato nelle mie battaglie, un alleato valido e ricco di idee, idee che a me molto spesso mancano. Ammiro molto la sua creatività e il suo ingegno.

Abbiamo condiviso molte cose durante il suo soggiorno ad Arezzo, e ho avuto il piacere di presentarlo a tutti i mei amici e conoscenti proprio come lui aveva fatto per me; purtroppo però gli aretini sono di mentalità molto più chiusa e diffidente rispetto ai livornesi in particolare ai gabbanesi (gli abitanti de "La California") ma grazie alla sua simpatia non ha avuto particolari problemi a stringere amicizia.

Ad Arezzo tra i momenti belli cito in particolare le fantastiche cene al Bar la meridiana regno della mitica famiglia Danesi che con le loro pizze e altri manicaretti riescono a conquistare il palato di tutti, grandi e piccini. Non solo! Ricordo le feste e gli eventi vissuti insieme, come il lancio delle lanterne ideato dal bravissimo Enzo Scartoni, uno spettacolo a dir poco emozionante!

A entrambi è sempre piaciuto il fascino del mistero e di tutto quello che è fuori dalla norma, ci siamo divertiti un mondo a fare dei reportage sulle cose strane che sono accadute ad Arezzo, abbiamo stretto collaborazioni con tanti tra i più importanti giornalisti della città, tra cui il bravissimo Massimo Gianni, Arezzo Tv, e Telesandomenico. E' stato un piacere poter avere il mio fianco un alleato prezioso come Federico.

Ma torniamo adesso alle mie battaglie. Beh dovete sapere che ovunque vado mi piace essere attiva, non è che se per esempio mi trovo fuori ad Arezzo me ne resto con le mani in mano, anzi! E' proprio il contrario! Mi piace combattere per ciò che è giusto in qualsiasi posto mi trovo, perché non è che le barriere architettoniche sono un problema soltanto ad Arezzo anzi tutt'altro! E' un problema che riguarda più o meno e tutta Italia o forse tutto il Mondo e riguarda tutti, anche i giovani

A proposito di giovani! Vorrei far presente una cosa, prendiamo ad esempio i bambini. Mi rivolgo alle persone che viaggiano con una sedia a rotelle ... Vi è mai capitato che un bambino o una bambina vi guardassero in modo strano o stupito e rivoltisi alla loro mamma chiedessero a questa come mai quella persona è in carrozzina? Tutto normale? Mica tanto!

E' normale che un bambino sia incuriosito perché una persona in u certo modo non l'ha mai vista! Voglio dire, non capita tutti i giorni di trovarsi davanti una persona alta quanto me o somigliante a me. L'Osteogenesi suscita ancora più stupore rispetto ad un altro tipo di disabilità. Quello che non è tanto normale non è il comportamento dei bambini ma quello dei genitori perché sono dell'idea che dovrebbero spiegare fin da subito o comunque il bambino diventa consapevole del proprio sé, che esistono le persone che possono nascere o diventare "disabili" e che non devono temerle o averne paura. Insomma i genitori dovrebbero fare questo lavoro di modo che i figli capiscono che ci troviamo davanti ad una cosa del tutto naturale.

E' chiaro che più è grave il tipo di handicap e più stupore suscita. Tornando alle battaglie che ho svolto assieme anche a Federico menzione a parte meritano le interviste con Saverio Tommasi che avevo già avuto il piacere di conoscere ad Arezzo quando ero da sola ma che poi ho avuto modo di ritrovare in seguito.

Ma andiamo con ordine e facciamo un passo indietro! Come ho già scritto in precedenza le mie battaglie non si sono mai fermate, fin dalla prima piccola protesta che feci, quella per il Corso Italia di Arezzo con quel gruppo di ragazzi vi ricordate? L'8 Luglio del 2013 girai il video sul mio canale YouTube intitolato "Caro sindaco le offro un caffè!", l'idea mi venne grazie ad una mia amica giornalista dopo una lunga chiacchierata e così un pò per gioco un pò per voglia provai a lanciare questa sorta di sfida all'allora sindaco di Arezzo Giuseppe Fanfani. Un video girato senza tante pretese, dove con una certa dose di humor nero, invitavo il sindaco a fare una passeggiata in centro con me per poter constatare con mano quanto fosse difficile girare a causa delle barriere architettoniche.

Il mio appello non venne accolto subito, ma il 18 Luglio dello stesso anno ci accordammo per incontrarsi. Quando il primo cittadino mi rispose tramite Facebook non riuscivo lì per lì a credere ai miei occhi, aveva accettato! Aveva accolto il mio appello! Avrei incontrato il sindaco! Una come me, una comune cittadina avrebbe avuto un incontro con il sindaco!

Era incredibile!! Ci accordammo e fissammo per vedersi al Caffè dei Costanti che proprio in onore di quel giorno aveva disposto di una pedana per poter entrare nel locale e che ci fece trovare non appena arrivammo. Ero emozionantissima e il cuore mi andava a mille. Tante domande mi passavano per la mente "Sarei stata all'altezza di parlare con lui? Sarei riuscita a fargli capire quali erano le difficoltà?"

La prima cosa che notai non appena arrivai fu che c'erano davvero tantissimi giornalisti, così tanti che mi sentivo frastornata da tutte quelle macchine fotografiche videocamere e microfoni. Ci accomodammo ad un tavolino e assieme prendemmo il famigerato caffè, a dir il vero io presi un succo di frutta ACE perché il caffè non l'ho mai sopportato. Assieme a lui c'era anche l'Assessore Dringoli e un altro giornalista della rete televisiva Teletruria. Cercai di parlare in maniera molto professionale e diretta, com'è nel mio carattere e dopo aver degustato i nostri rispettivi drink gli proposi di fare una passeggiata per mostrargli le barriere architettoniche. Lì per lì non accettò ma poi riuscii a convincerlo e così, seguiti dai giornalisti ci mettemmo in marcia.

Mi lasciò con la promessa che avrebbe seriamente pensato a risolvere il problema, ma purtroppo dopo molti anni le sue parole sono cadute nel dimenticatoio e tutt'oggi la situazione; nonostante il nuovo sindaco, è quella che è, in parole povere poco o niente è cambiato purtroppo.

Congedatami dal Fanfani e dal Dringoli tutti fecero a gara per intervistarmi e alla fine ero così confusa e frastornata ma anche molto felice ed eccitata che non riuscivo nemmeno a ritrovare la macchina di mio babbo che mi stava aspettando per tornare a casa!

In seguito assieme a Federico abbiamo incontrato anche il nuovo sindaco Alessandro Ghinelli ma prima di allora ho voluto fare una piccola esperienza in politica.

Una vita passata a combattere

Se dovessi fare una breve considerazione su quanto riguarda la mia vita cosa potrei dire? Sicuramente che ho passato quasi tutta la mia vita a combattere, come una guerriera, come una leonessa. Ho cercato con ogni mezzo e lo faccio tutt'oggi di inseguire i miei sogni per poterli un dì realizzare.

E se prima ero sola nelle mie battaglie e in tutto questo adesso per fortuna non lo sono più e mi sento anche più forte da quando Federico fa parte della mia vita.

In un periodo in cui lui si trovava ad Arezzo ho subito un brutto shock, avevo il raffreddore ed ero tutta intasata e così per cercare di liberare il mio naso che chiedeva pietà feci comprare dai miei genitori un anti-congestionante per il naso. Non lo avessi mai fatto! Dovete sapere cari amici, che mi procurò una sorta di reazione allergica, probabilmente dovuta a qualche strano ingrediente contenuto in esso o non so a cos'altro.

Cominciai a sentirmi male e mi vennero le palpitazioni, il viso mi bruciava e anche il naso e la bocca e così venni portata di corsa all'Ospedale.

Appena arrivai però cercai in ogni modo di calmarmi, mi vennero fatte le dovute visite standard e alla fine risultò che ero risultata allergica a qualcosa.

I miei si allarmarono moltissimo e anche Federico, e anche io mi sono presa una certa paura perché non mi era mai capitata una cosa del genere in tutta la mia vita.

Insomma la mia vita è stata tutta un susseguirsi di battaglie, alcune le ho vinte, altre sono ancora in corso ma quel che è certo è che non mi sono mai persa d'animo o fermata.

Tempo fa ho fatto anche una breve esperienza in politica ma purtroppo non è andata come speravo.

Mi unii al "Partito dei Popolari di Arezzo" e nonostante fossimo tutti parte dello stesso partito fin da subito notai che non era così in realtà e al contrario c'erano molti conflitti e divergenze.

E' stata una esperienza che nonostante abbia trovato interessante non ripeterei perché a pochi giorni dalla fine della campagna elettorale, mentre stavo ancora consegnando i miei bigliettini elettorali, venni investita sulle strisce da una donna in una delle tante vie di Arezzo.

Era una mattinata come le altre quel giorno, faceva caldo ed io ero appena tornata dal supermercato A&O, quando mentre facevo la via che percorrevo quasi tutti i giorni mi ritrovai ad attraversare la strada; mentre ero sulle strisce con la mia carrozzina elettrica vidi alla mia destra una donna con una macchina bianca che ricordo piuttosto bene; non sapendo se questa volesse attraversare o meno e vedendola tergiversare, decisi di passare io ma proprio in quel mentre mi venne addosso colpendomi e scaraventandomi via e facendomi ritrovare seduta sulle strisce. La donna si fermò e venni immediatamente soccorsa da una ragazza mia vicina di casa che in quel momento si trovava da quelle parti. Ero visibilmente confusa e frastornata e cominciai a farfugliare che volevo andare da Federico alla California, mi ascoltarono ma credettero che stessi delirando e mi chiesero molte volte se avessi battuto la testa. Non mi ricordavo granché dell'accaduto perché era stata questione di pochi attimi, ma il ricordo del boato che fu provocato quando venni colpita è ancora molto evidente nella mia mente e ci ho messo davvero tanto tempo prima di superare il trauma. Non volevo in alcun modo farlo sapere alla mia famiglia e mi sentii tremendamente in colpa per quanto mi era successo ma insistettero talmente tanto che chiamarono i miei; anche se io prima di loro cercai di avvertire il mio ragazzo tramite un suo amico visto che lui era a letto. Gli prese un colpo credo, ma fu anche sollevato da sentire che malgrado tutto stavo bene e parlavo correttamente. Mi trasferirono in Ospedale dove fui raggiunta dalla mia famiglia e da alcuni amici; lo stesso però non avvenne da parte di alcuni miei "colleghi" del partito e dopo aver fatto tutti gli accertamenti necessari potei tornare a casa.

Quando rientrai mi sedetti sul divano ma ero ancora sconvolta e sentivo la testa come se fosse dentro ad una grande boccia di vetro, mi sentivo come in un acquario e non so per quale assurdo motivo ma provai un fortissimo senso di solitudine.

Federico mi stette vicino al telefono per tutto il tempo quella sera, ma ero troppo frastornata per riuscire a seguire quello che mi veniva detto.

Insomma non mi posso proprio lamentare perché ho sempre avuto attorno a me persone che mi hanno voluto bene e me lo hanno dimostrato.

Nonostante questo spesso mi vengono delle piccole crisi di autostima e credo che nessuno mi voglia bene o che mi apprezzi e finisco per fare dei discorsi non molto simpatici.

Grazie alla vicinanza degli amici, di Federico e della mia famiglia e conoscenti vari riuscii a superare anche questo trauma, anche se ancora oggi qualche residuo è purtroppo rimasto e quando vedo macchine di quel colore o che vi somigliano un pò di paura mi prende.

Non ho combattuto soltanto per me stessa però, ma anche per le persone che amo.

C'è stato in periodo che mio fratello Mirko stava male, dovete sapere che ha sofferto di depressione e per colpa di non si sa cosa una volta è finito in coma.

A volte mi chiedo se io debba per forza essere quella forte, quella che non si abbatte mai, quella che si fa vedere sempre coraggiosa e con il sorriso con le labbra; forse lo devo fare davvero, forse è così, per gli altri, per la mia famiglia e perché le circostanze spesso lo richiedono. Quella volta è stato un periodo davvero brutto, andavamo tutti i giorni nel reparto di Rianimazione e ogni volta era come entrare all'Inferno. Bastava un suono delle macchine o lo squillo del telefonino per farmi trasalire e pensare subito al peggio. Forse noi Bidini siamo sempre stati di indole dura e coraggiosa ma anche mio fratello ne uscì brillantemente e io voglio pensare che si sia trattato di una specie di miracolo, anche perché altrimenti non c'è altra spiegazione.

Sapete, il mio rapporto con la Chiesa e con Dio non è mai stato dei migliori ma da quel giorno qualcosa è cambiato. Oggi sono convinta che ci dev'essere per forza qualcuno più grande di noi che ci protegge da lassù e ne ho avuto prova varie volte, sia per quanto riguarda me sia per quanto riguardava altre persone.

Forse un mio grande difetto è sempre stato quello di farmi carico delle cose che nemmeno mi riguardano direttamente, in passato per esempio mi capitava di aiutare persone a me completamente estranee, oppure di sobbarcarmi di problemi che non mi riguardavano affatto. Come ho scritto in precedenza forse sono soltanto troppo buona e non so dire di no.

Tra le mie battaglie oltre a quelle riguardanti le barriere architettoniche ci sono anche quelle contro le barriere mentali.

Ho avuto modo di conoscere Saverio Tommasi in varie occasioni come ho già scritto e tutte le volte ne sono venute fuori delle inchieste molto interessanti e che hanno avuto grande visibilità.

La prima volta che ho incontrato Saverio fu in Piazza Guido Monaco ad Arezzo, ci vedemmo per girare un video dal titolo "Quattro storie di sesso e amore, in carrozzina", nel video comparivo io e anche altre persone, tra cui anche Francesco un altro ragazzo che avevo conosciuto molti anni fa e che ebbi piacere di rivedere in quell'inchiesta.

Venne fuori un video davvero interessante e che spiegava bene come le persone disabili ma sopratutto quelle cosiddette normodotate vedessero le relazioni e il sesso con una persona in carrozzina.

Fu emozionante incontrarci perché per me era sempre stato una specie di Mito ed ero così contenta che sbagliai le parole e quando andò via lo salutai goffamente. Che figura!!

In seguito ho poi rivisto Saverio assieme a Federico, pensate un pò che è venuto direttamente a La California, ed un altra volta per un nuovo video a casa mia ad Arezzo assieme alla mia famiglia.

Ma il video più bello di tutti girato assieme a lui e a Federico fu quello recente dal titolo "Per Ilaria e Federico vita, amore e sesso senza barriere: "Noi presto genitori? Chissà…"

Leggere il mio nome e il suo nel titolo di quel video è stato davvero emozionante, nonostante la fatica e gli iniziali litigi con la mia dolce metà, ne venne fuori un video spettacolare ed emozionante. Un'intervista doppia sui temi riguardanti la disabilità, la vita, i valori il sesso e l'essere genitori.

Una piccola battaglia, se così si può chiamare l'ho intrapresa anche quando volevo a tutti i costi prendermi un cagnolino.

Tempo fa la mia famiglia ed io avevamo un cane da caccia di nome Toby, dal manto color bianco e nero e l'indole tranquilla. Era un bel cane ed io c'ero molto affezionata così come tutti i membri della mia famiglia, purtroppo un brutto giorno, poiché stava male non ce le fece più e ci lasciò lasciando anche dentro di noi un vuoto incolmabile.

Dopo un bel pò di tempo però pensai che quel vuoto doveva in qualche modo essere colmato perché mia mamma in particolare modo non era felice, così mi misi in azione per cercare un cagnolino.

Volevo un cane che fosse adatto anche per essere gestito da me, volevo provare che cosa significasse avere un legame speciale con un cane e così dopo molto cercare e dopo aver mandato email su email e messaggi su Facebook alla ricerca del "cucciolo ideale" e dopo essermi vista sbattere in faccia tante richieste di adozione trovai colui che attualmente considero come un figlio, il piccolo Red, un piccolo chihuahua a pelo lungo a cui voglio un mondo di bene.

Lo presi che aveva appena 3 mesi e quando arrivò a casa nostra era tutto piccolo e impaurito. Era microscopico come una piccola pallina di pelo. Gli allevatori che avevo contattato me ne portarono due ma uno di loro, il fratellino non voleva starmi in braccio, mentre Red (allora Tristan) mi si addormentò subito sulle gambe e fu amore a prima vista!

Lo presi con me ma la prima notte passata in camera mia; e dopo averlo adagiato su una piccola cassetta della frutta trasformata a mo di cuccia, non fu semplice. Il cucciolo era impaurito e tremava e mentre dormiva uggiolava in cerca della mamma e forse, anche dei fratellini. I primi giorni Tristan, che ribattezzai poi in Red, era un vero e proprio terremoto. Era un piccolo criceto, infatti si divertiva a rosicchiare tutti i mobili di camera mia, scrivania compresa con i suoi piccoli dentini e metteva a dura a prova la mia pazienza pisciandomi allegramente sul letto.

Ero un pò preoccupata i primi tempi perché era la prima volta per me che gestivo un cane così piccolo e praticamente da sola e non sapevo come fare, e così decisi di affidarmi ad un esperto, fu così che conobbi Alessio il futuro Educatore di Red.

Alessio mi ha davvero insegnato molto ed è stato solo grazie a lui e ai suoi insegnamenti se Red è rinato, adesso è vivace e non ha più paura di noi. Mi ha insegnato a socializzarlo e alla fine sono riuscita a instaurare con Red il rapporto che volevo!

Considero Red come un figlio, come il mio bimbo da coccolare e proteggere e sono dell'idea che i cani siano molto meglio di certe persone perché chiedono in cambio soltanto che tu li ami e nient'altro e non ti faranno mai del male.

Anche i miei sono stati molto felici del nuovo arrivato e in breve tempo se ne sono tutti innamorati ed ora è il Principino viziato e amato della famiglia Bidini.

La mia esperienza su Ask

Le mie battaglie ad un certo punto però hanno trovato un freno. Un giorno decisi di iscrivermi sul sito "ask.fm", una specie di social network dove ti vengono fatte delle domande, sia in forma anonima che non e tu puoi rispondere.

Appena creato il profilo; che creai esclusivamente per farmi fare delle domande serie sulla disabilità, venni subito ricoperta d'insulti.

Metto qui alcuni tra i più "simpatici" ma vi avverto, alcuni sono davvero pesanti

---

Sei bella............................ come una badilata di merda

Altrettanto sig sterco di vacca

più di 1 anno fa

---

mi chiedo che coraggio hai di dare delle oche e delle persone superficiali alle altre ragazze guardando quello che fai e dici tu stessa ...

E perché dovrei essere un oca? non mi pare proprio. Problemi di vista?

più di 1 anno fa

---

ai mai pensato o tentato il suicidio ?

No mai. Lo trovo un atto di vigliaccheria

più di 1 anno fa

---

sei un peso per la società...

Meglio!!

più di 1 anno fa

---

hai un viso orribile!

sarai bellino te amore

12 mesi fa

---

pensi mai di aver dato un dispiacere ai tuoi genitori per essere nata nelle tue condizioni ?

Direi di no perché compenso con altre cose. le soddisfazioni che gli do

più di 1 anno fa

---

assomigli alla bambina dell'esorcista

Pensa ciò che vuoi

più di 1 anno fa

---

perche non vai al guinness dei primati e ti fai catalogare come donna piu brutta del mondo ?

Non penso di esserlo. tu vinceresti il titolo di idiozia

Persino la Senatrice Donella Mattesini fu colpita dalla mia storia e mi mostrò una grande solidarietà. Cito testualmente le sue parole "Di fronte a fatti come questi non si può che rimanere profondamente turbati ed offesi. Ancora una volta l'anonimato trasforma il web in uno strumento di violenza. Ho già espresso personalmente tutta la mia solidarietà e vicinanza ad Ilaria per quello che purtroppo si è trovata ad affrontare" e ancora *Ilaria è diventata il simbolo di un'importante battaglia di civiltà. In questo senso non basta la, pur doverosa, solidarietà per le vergognose parole che le sono state rivolte. Quello che serve è un cambiamento più profondo della nostra capacità di promuovere accoglienza e inclusione sociale. Per questo io credo che occorra rilanciare l'impegno contro quelle barriere che rendono la vita di Ilaria e di tante altre persone ancora più difficile. Il lavoro per l'abbattimento delle barriere architettoniche ha visto tanti passi avanti e tanti successi ma in questi ultimi anni il tema è passato in secondo piano. Dobbiamo far tornare questo tema al centro dell'attenzione delle istituzioni, dal Parlamento fino ai Comuni. Solo così saremo davvero vicini e solidali con Ilaria" (Donella Mattesini)*

Apprezzai davvero molto il suo intervento sopratutto per il fatto che avesse preso così a cuore la mia situazione. Anche Mattia Cialini giornalista de Arezzo notizie mi dedicò un articolo piuttosto esauriente, mi chiamò al cellulare molto preoccupato avendo saputo che cosa mi era successo e temendo che avrei chiuso il canale e messo fine alle mie battaglie, lo apprezzai molto e lo rassicurai del fatto che nonostante tutto non mi sarei arresa.

All'Università a proposito di questo facemmo assieme ad altre ragazze proprio un progetto che riguardava il Cyberbullismo perché purtroppo è un problema molto attuale.

Mi basai anche sulla storia di Amanda Todd che proprio a causa delle continue offese subite e ricevute mise purtroppo fine alla sua vita.

Come lei tante ragazze e anche qualche ragazzo sono costrette ad avere a che fare con questi elementi ogni giorno. Io mi rivolsi persino alla polizia postale che però non mi prestò molta attenzione dicendomi anzi che era difficile, visto che erano commenti anonimi risalire a chi appartenessero. Decisi di tirare avanti e continuare con le mie battaglie, in un certo senso tutto questo non mi ha spento anzi mi ha dato nuova linfa ed energia per poter andare avanti. Qualche anno più tardi però ho subito altri atti di bullismo, ma di questo ve ne parlerò in seguito.

Una nuova avventura - Il Cinema

Quando dico che la mia vita è un film non dico poi tanto male perché nella mia lunga vita ho avuto modo e anche il piacere di partecipare ad un Cortometraggio con la Poti - Pictures, un'associazione che si occupa di fare del cinema assieme a ragazzi con vari tipi di disabilità. Ma andiamo con ordine, dopo il mio incontro con l'ex sindaco Giuseppe Fanfani e tramite la mia vicina di casa Paola, ho conosciuto anche Daniele Bonarini, Francesco Faralli e Michele Squillace che mi hanno proposto di partecipare come protagonista ad un cortometraggio sulla disabilità.

E' stata un'esperienza del tutto nuova e straordinaria e mi pareva quasi di sognare.

Attrice? Io? Proprio io? Avevo fatto del teatro ma il Cinema per me era un mondo completamente nuovo e sconosciuto! Chissà se ne sarei stata all'altezza. Inutile dire che mi lanciai con entusiasmo in questa nuova avventura e pian piano cominciammo a organizzarci per girare il tutto.

Il Cortometraggio aveva come titolo "Come se…" ed era basato sul libro "Cecità" di Josè Saramago. La storia in parole molto spicciole è questa:

"Un'eroina si trova ad affrontare una particolare epidemia, riuscirà a salvare la Terra?"

Chi avrebbe mai immaginato che avrebbe fatto un tale successo e che avrei vinto numerosi premi in tutto il Mondo? Per la precisione ben sedici!

Mi venne persino dedicata una locandina speciale che ad oggi troneggia fieramente sul muro di camera mia.

E grazie a questa particolare esperienza ho avuto anche modo di conoscere di persona un gruppo di bravissimi cantanti chiamati "Requie" che mi hanno subito accolto con entusiasmo e si sono persino fatti intervistare da me.

Le scene vennero girate sia nei pressi di casa mia, sia vicino all'Università e ad altri luoghi di Arezzo sia nel loro studio di registrazione.

Mi truccai di tutto punto e cercai di vestirmi in maniera da non sfigurare e potemmo iniziare a girare. Le prime scene non furono affatto semplici e non vi dico quante volte ho dovuto ripetere una battuta anche minima!

Con mio grande stupore scoprii di essere molto fotogenica e che in un certo senso come mi avevano già detto era vero che "bucavo lo schermo".

Insomma questa esperienza fu davvero divertente e mi ha dato modo di apprendere tanto. Il Cinema così come il Teatro è un mondo diverso e complicato e ricco di sfaccettature che mai ti aspetteresti di trovare.

Quando "Come se .. " fu proiettato per la prima volta era presente tutta la mia famiglia, i miei amici e la mia vicina di casa e fu davvero un'emozione grandissima.

Ero proprio quella che parlava e che appariva nello schermo? Non riuscivo a crederci! Fu emozionante e commuovente e venni chiamata sul palco assieme ai miei maestri per fare un breve discorso. L'emozione fu così tanta che riuscii a dire bene poco ma quello che vorrei che sapessero che è che sono grata a loro per avermi dato questa opportunità straordinaria.

Un ulteriore grandissimo onore oltre a tutti quei premi vinti mi fu dato quando "Come se.." venne proiettato nientepopodimeno che al famosissimo Teatro Petrarca di Arezzo, di recente ristrutturato e rimesso completamente a nuovo e per fortuna reso accessibile alle persone in sedia a rotelle.

Fu davvero emozionante quella sera e come al solito mi commossi, c'era anche Federico con me e anche lui come me era visibilmente emozionato, sembravamo quasi due attori del cinema entrambi! Mi sentivo una vera e propria Star perché venni accolta e ricevuta come una vera e propria VIP!

Era come essere a Hollywood!!! :)

Anche i miei genitori furono affascinati dalla proiezione di "Come se.." e si complimentarono con me e con tutti gli altri.

Una cosa in particolare che ricordo con gioia ed emozione è stata quando vincemmo il TOFF, ovvero un concorso online dove partecipavano numerosi registi con film e cortometraggi; fu una lotta all'ultimo link senza esclusione di colpi e alla fine piacque così tanto che risultammo vincitori. Il sabato seguente Daniele mi convocò alla Cooperativa Il Cenacolo, una struttura che accoglie molte persone con disabilità di ogni tipo, lì per lì non capii il perché della sua insistenza ma lo scoprii ben presto, mi avevano preparato una festa a sorpresa!

Prima di arrivare scelsi un look figo per fare bella figura e non appena fui nel posto venni accolta con entusiasmo da parte di tutti, mi presentai a chi non conoscevo e fui molta contenta di fare la conoscenza di così tante persone. La Roberta fece fare per me una torta spettacolare che divorai in un sol boccone ed io con le mie manie di protagonismo ne approfittai subito per girare dei video che condivisi sul mio canale YouTube.

Per promuovere il Cortometraggio ho partecipato anche a molti altri eventi come quello di Agazzi, una giornata intera dedicata al mondo del sociale e alla disabilità.

Sono state tutte esperienze estremamente interessanti che mi hanno permesso di conoscere tante persone e di potermi confrontare con loro.

L'Università

A questo punto credo che sia arrivato il momento di parlarvi dell'Università. Come ho scritto in precedenza dopo essermi licenziata ho deciso di tornare a studiare; cosa che fino ad allora non avrei mai creduto possibile.

Ebbene si lo ammetto, non sono mai stata una studiosa e nemmeno la cosiddetta "secchiona", anzi al contrario ho sempre studiato molto poco, ma ho un segreto! Sto molto attenta in classe e amo partecipare attivamente alle lezioni e grazie a questo me la sono sempre cavata egregiamente.

L'Università è proprio un mondo a parte e si differenzia completamente dalle precedenti scuole, farsi dalle medie fino alle superiori. Lì hai davvero l'opportunità di confrontarti e di imparare argomenti che non si conoscono.

Mi considero fortunata perché; non è per sfruttare i vantaggi della mia condizione, ma le tasse universitarie non sono tenuta a pagarle e ho anzi molte agevolazioni.

Sento già salire l'odio e la rabbia di alcuni di voi che stanno in questo momento leggendo ma se posso usufruire di queste agevolazioni perché buttarle al vento? La società ha sempre levato tanto alle persone disabili e quindi francamente che ci siano questi "vantaggi" mi sembra il minimo e poi questo vuol dire che la disabilità non è il mondo triste che tutti credono.

La prima persona che ho conosciuto al I° anno di Università fu la Laura, una ragazza di Cortona, un paese vicino ad Arezzo; feci subito amicizia con lei perché era una persona molto simpatica e ricca di cultura e successivamente siamo anche uscite a fare un giro in centro passando delle belle giornate in allegria. All'inizio però ho fatto un pò di fatica a fare amicizia con le altre mie compagne di classe perché nessuna, per qualche strano motivo o forse per paura voleva sedersi accanto a me. Dovete sapere che l'Università di Arezzo in precedenza era l'ex manicomio ed in seguito è stata ristrutturata e tutte le palazzine adibite ad aule, al suo interno vi è anche il teatro. E' una bella struttura con un parco grandissimo protagonista di numerose leggende e misteri, misteri che a me e a Federico hanno sempre affascinato molto.

Con i docenti mi sono sempre trovata molto bene e alcuni, che adesso non sono più miei insegnanti o sono andati in pensione, li ricordo con molto piacere.

Le materie che mi hanno sempre suscitato un certo fascino sono sempre state prettamente a sfondo educativo e psicologico. Mi è sempre piaciuta la psicologia così come tutto quello che riguarda la conoscenza della mente umana e della personalità. E' un mondo affascinante e da cui si può apprendere tanto e finora sono sempre state le materie in cui ho ottenuto i voti migliori, invece quelle in cui sono sempre andata peggio sono quelle di tipo scientifico o le lingue, ahimè mia eterna spina nel fianco, forse perché le ho sempre trovate troppo fredde e meccaniche, in particolare modo l'inglese non mi ha mai fatto impazzire.

Decisi di scegliere tra tutti i rami Scienze dell'Educazione perché mi è sempre piaciuto ascoltare gli altri e le loro storie e poter dare una mano e come "specializzazione" scelsi il campo di Educatore Sociale anche se non ho ancora del tutto le idee chiare.

Successivamente durante gli anni del mio percorso scolastico ho stretto anche molte altre amicizie tra cui la Debora e il suo gruppo ossia l'Andrea, la Letizia e la Erica. Mi sono trovata sin da subito molto bene con loro perché avevamo molte cose in comune sopratutto con la Debby visto che ci ha sempre accumunato la stessa passione per tutto ciò che è "geek", anche lei infatti come me è appassionata dei videogames e assieme al suo ragazzo costituiscono una bellissima coppia, un pò come io e Federico.

Non tutte le mie compagne di classe però erano simpatiche e non mi sono trovata bene con tutte, con alcune infatti i rapporti sono sempre stati freddi o di totale indifferenza perché siamo proprio un mondo a parte distante anni luce.

La mia carriera universitaria è sempre andata molto bene perché ho sempre cercato di partecipare in maniera attiva alla maggior parte delle lezioni, alcuni docenti infatti tenevano proprio delle lezioni di vita come il Gocci, il professor Bruno Rossi, la Occhini, il professor De Domini ora in pensione, la professoressa Piergiovanni e la prof Devoti.

Ho sempre trovato una grande disponibilità in tutti in particolare nel personale, inservienti compresi che si son rivelati sin da subito pronti ad ascoltare e a venire incontro alle mie esigenze e bisogni.

Inutile dire che spero di concludere la mia carriera universitaria per il meglio e con dei buoni voti e di riuscire a laurearmi entro breve, attualmente oltre a questo libro sto portando avanti la tesi.

Adesso però è arrivato il momento di svelarvi un segreto. Siete pronti? Bene, fate un bel respirone e allacciatevi le cinture!

Dunque … Dovete sapere che al 1° anno di Università ho avuto una cotta; non un vero e proprio innamoramento credo, per un ragazzo che era nella mia stessa classe. Per farla breve ho cercato in tutti i modi di farglielo capire interessandomi alle sue passioni ma in particolare ho cercato di difenderlo dai rimproveri di una docente. Purtroppo la missione fallì ma è stato meglio così perché arrivata all'ultimo anno di Università lo trovai molto cambiato e ciò che provavo per lui non era più lo stesso.

Per colmo di sventura a distanza di anni indovinate un pò chi ho rivisto? Tenetevi forte!! Il mio ex! Ebbene si proprio M. che forse però non mi ha riconosciuto, lo ritrovai proprio durante una sessione di esame.

L'Università poi mi ha permesso di poter svolgere una nuova interessante esperienza, ovvero il tirocinio al CLA.

La disabilità intellettiva

Prima di introdurre questo nuovo argomento è necessario fare una piccola premessa. Dopo aver parlato di disabilità fisica; come ad esempio può essere l'Osteogenesi Imperfetta o qualsiasi altro problema che limita o impedisce la mobilità, vi spiegherò in breve della disabilità intellettiva.

Un tempo veniva chiamata "ritardo mentale" ma oggi fortunatamente sostituita dalla parola "disabilità intellettiva", in gergo tecnico si tratta di un disturbo che incide nella vita della persona che ne viene "colpita" e include dei deficit del funzionamento intellettivo sia in campo pratico, sociale che concettuale.

Le parole però a mio avviso sono solo parole e dietro a tutti questi bei paroloni vi si può trovare molto di più

Ci parlarono della necessità di svolgere un Tirocinio Formativo per introdurci al mondo del lavoro; anche se io negli anni precedenti avevo già lavorato mi è risultato obbligatorio lo stesso. Durante una riunione ci vennero proposte varie strutture dove poter svolgere il suddetto tirocinio ma nessuna di queste mi convinse abbastanza, così un pò per caso un pò perché ormai ero "famosa" per il mio incontro con il sindaco Giuseppe Fanfani, conobbi Marco Tulli che mi parlò di una struttura chiamata Electra Aps Onlus per gli amici CLA. Lo trovai subito molto simpatico e cortese, lì per lì ero un pò titubante però perché avevo avuto un'esperienza poco piacevole con un'altra associazione ma a forza di parlarmene decisi di dargli una possibilità e così un bel giorno mi ci feci accompagnare.

Appena arrivata venni subito colpita dall'entusiasmo e dal calore umano dei ragazzi e delle ragazze che ne facevano parte, sia le educatrici sia gli "ospiti". Ero un pò tesa perché fino ad allora avevo sempre accuratamente evitato di trovarmi a contatto con persone con delle disabilità di questo tipo sia per paura che per ignoranza. Era un argomento del tutto sconosciuto e nuovo.

Mi ricredetti ben presto però perché capii quasi subito che erano persone come me e che non avevano assolutamente nulla di strano. Ne fui proprio felice e ancora una volta avevo ragione io nel dire che siamo tutti persone e capii ancora una volta che la disabilità esiste soltanto sulla carta.

In breve tempo mi sono inserita nel loro gruppo e abbiamo fatto tante cose insieme anche se avrei voluto partecipare di più alle loro gite e alle loro attività.

La disabilità intellettiva in altre parole non esiste miei cari amici, se si è ignoranti si teme anche la propria ombra. Questo è quello che penso.

Contrariamente a quanto si pensa chi ha un handicap non è un deficiente, anzi possiede molte capacità. Molti ragazzi del Cla ad esempio sono bravissimi a disegnare, altri a dipingere e altri ancora a scrivere poesia. Ho fatto amicizia con ognuno di loro e sono molto orgogliosa del fatto che mi considerino una di loro, vi sembrerà strano ma per me è un grande onore.

Chi non conosce questo tipo di "disabilità", che poi sarebbe più corretto chiamarla "altra abilità" ne ha paura, è una cosa in parte normale, lo facevo anche io prima di rendermi conto che non c'era nulla da temere.

Alla fin fine la soluzione per superare tutto ciò è sempre la solita, la conoscenza. Bisogna conoscere la persona per capire con chi si ha a che fare e bisogna smettere di averne paura, bisogna approcciarsi a questa persona come ci si approccerebbe a qualsiasi altro essere umano, come ad un essere umano per l'appunto.

Sapete … molto spesso mi chiedo chi siano alla fine i veri disabili e se ve lo state chiedendo anche voi vi consiglio di tornare all'inizio del libro … ne troverete la risposta …

Si conclude così la mia prima parte dedicata alla mia vita. Se questo libro vi sta piacendo e desiderate proseguirne la lettura sappiate che la seconda parte sarà dedicata a tutto ciò che intendo realizzare, i miei sogni, i miei progetti e conterrà qualche piccola poesia, riflessione e racconto. Ma non solo! Cercherò di descrivere quella parte più introspettiva della mia personalità, quindi se siete appassionati di psicologia e desiderate conoscermi un pò meglio il mio consiglio è di non mollare ancora questo libro, insomma se potete sopportatemi un altro pochino :)

Siete ancora con me ? Se si, vi auguro buon proseguimento ed una buona lettura

II PARTE

Progetti, Sogni e Interrogativi vari

Come avrete ormai compreso, se avete letto tutta la prima parte del libro non sono una persona a cui piace stare senza far niente, anzi al contrario ho sempre cercato di portare avanti i miei progetti e qui di seguito vorrei parlarvene a grandi linee.

Tra i miei progetti c'è la laurea, conto di laurearmi a breve e di rendere orgogliosa la mia famiglia e tutte le persone che mi sono care. Oltre a questo vorrei continuare; e farò del mio meglio per far si che ciò avvenga, la mia battaglia contro le barriere architettoniche, mi piacerebbe avere un pò più di supporto sopratutto da parte di quelle persone che come me sono costrette a subire certe ingiustizie e vivono queste difficoltà.

Vorrei poi cercare di sfatare alcuni miti che da sempre colpiscono chi ha un handicap, come quello sulla sessualità e forse creare una sorta di book fotografico ma è una cosa che per il momento rimane soltanto un'idea.

Vorrei cercare di aumentare la mia autostima e smetterla di essere così dura con me stessa, impresa questa alquanto titanica!

Per quanto riguarda i miei sogni invece sogno di prendere la patente; un tempo ci provai ma fu un buco nell'acqua a causa di varie difficoltà burocratiche che mi si pararono davanti. Avere un'auto tutta mia sono certa mi darebbe l'autonomia di cui ho bisogno.

Un altro sogno nel cassetto è quello di riuscire a imparare a cucinare in tutta autonomia, perché purtroppo mi duole ammetterlo ma sono piuttosto scarsa nelle faccende domestiche e vorrei tanto cimentarmi in gustosi manicaretti e sperimentare ricette di ogni tipo, di recente per raggiungere questo obbiettivo sto pensando di acquistarmi il robot da cucina Bimby. Chissà se ci riuscirò!

Vorrei ampliare il mio giro di amicizie e recuperare quelle che per un motivo o per un altro ho perso o lasciato un pò indietro. Spesso tendo a darmi tutte le colpe se le persone si allontanano da me e non mi rendo conto che i motivi a volte non sono necessariamente dovuti ai miei comportamenti.

Vorrei andare a convivere con Federico e avere una vita insieme, sono sicura che saremmo felici e che ci divertiremmo molto entrambi.

"Hai mai pensato all'opportunità di diventare genitore? Come ti sentiresti a diventare mamma?"

Questa domanda mi è stata fatta molto spesso e me lo sono chiesto anche io …

Beh che dire?! Sono sempre stata dell'idea che fare il genitore non è semplice, che ci voglia una certa preparazione e cultura e che se si sbaglia qualcosa nel metodo educativo si può finire per rovinare per sempre il proprio figlio/a, quindi beh se dovessi dare una risposta direi che si ci ho pensato ma che al momento non mi sento pronta per diventare madre.

Sono certa che sarebbe un'emozione e una gioia immensa ma attualmente è l'ultimo dei miei pensieri.

"Che cosa faresti se ti nascesse un figlio con la tua stessa malattia?"

Questa pure è un'altra domanda che mi è stata spesso fatta. Io penso che lo amerei lo stesso ovviamente, indipendentemente se nasce con l'Oi oppure no, certo è che bisognerebbe fare dei sacrifici in più soprattutto se nascesse con delle fratture; se possibile preferirei evitare ma nella vita non bisogna escludere niente, la cosa certa è che non lo ripudierei assolutamente anzi cercherei di fargli avere una vita felice come la mia o anche di più e di non fargli mancare assolutamente nulla; credo sarei una mamma piuttosto moderna e accondiscendente.

Un altro dei miei grandi desideri è di vedere la città in cui sono nata Arezzo accessibile finalmente a **TUTTI!**

Vorrei che le persone disabili non si vergognassero più quando sono in compagnia dei loro amici o del loro compagno e compagna perché per via di un maledetto scalino non possono entrare nel suddetto posto. Vorrei che non fosse un'impresa colossale entrare in un bar a chiedere un panino o poter cenare in un ristorante. Vorrei che le persone avessero un pò di maturità in più nel capire che la macchina va parcheggiata correttamente e non nel posto riservato a chi ha un handicap.

Vorrei che venissero costruite delle strutture accessibili a tutti e non soltanto a chi gli funzionano bene le gambe. Vorrei non dovermi io stessa vergognare più perché vedo che entrano tutti in quel posto ed io rimango fuori come una scema a osservare la gente dentro.

Vorrei che il mio ragazzo fosse felice e che gli venisse dato il riconoscimento che merita e che venissero sopratutto riconosciute le sue capacità, poiché credetemi ne ha tante ed è davvero abile in tutto.

Vorrei che non esistessero più i pregiudizi e che le persone avessero l'accortezza di informarsi almeno un pochino e le "palle" per conoscere una persona in carrozzina, vorrei che capissero che non è che se gli rivolge parola si sente male, viene contagiata dalla sua disabilità o muore.

Vorrei che le persone non "ci" vedessero più come degli alieni. Vorrei ci fosse più cultura e più informazione anche da parte dei Media.

Vorrei che non esistessero più i programmi spazzatura che dipingono il disabile come un'idiota o come un supereroe.

Vorrei vedere le persone a cui tengo stare bene e poter fare qualcosa per realizzare i loro sogni perché ai sogni bisogna credere con tutte le proprie forze e non lasciarsi abbattere dalle prime difficoltà.

Una lunga lista di vorrei la mia …e sicuramente ne ho tralasciati tanti altri …

Sicuramente me ne verrà in mente qualcun altro …

Forse sogno una società utopistica, ma sarebbe bello fare DAVVERO tutti parte dello stesso mondo.

Pregi & Difetti

Quando si parla di difetti, nel mio caso si tocca un tasto dolente poiché da buona persona con poca autostima qual io sono, mi riconosco molti più difetti che pregi.

Per farvi un esempio e tanto per elencarvene qualcuno sono molto permalosa; non ho mai sopportato le offese ma a dir il vero trovo fatica anche a sopportare le critiche anche perché è difficile che me ne vengano rivolte di costruttive anzi di solito sono offese gratuite e basta.

Sono permalosa nel senso che me le prendo subito e tendo ad infiammarmi alla svelta; e in questo penso di aver preso dal mio papà, insomma ho un carattere tutto pepe e spesso purtroppo la prendo sul personale, oltretutto quando mi offendo difficilmente perdono e voglio anzi pretendo che mi vengano fatte delle scuse e devono anche essere sincere.

Sono molto sensibile; non so quanto sia un difetto .. nel mio caso è anche un pregio ma sovente tendo all'ipersensibilità e sono come dire … di lacrima facile. Ad esempio quando sono nel periodo.. quello dedicato alle donne diciamo, non mi si può proprio dire nulla perché passo dal riso al pianto in un batter d'occhio. Sono ingestibile.

Un altro difetto che mi riconosco è di essere spesso troppo diretta e sincera, amo dire le cose come stanno anche se possono far star male una persona, non mi piace dire bugie o girare attorno alle parole o mentire a fin di bene; delle volte lo faccio ma ho sempre preferito una brutta verità ad una bella bugia. Questo mio essere diretta è causa di numerosi litigi sopratutto se le persone non mi conoscono.

La determinazione a volte è anche un difetto oltre che un pregio, perché questo? Perché arrivo al punto di essere molto insistente e questo può dar noia e tendo a sostituirmi; non per cattiveria alle altre persone se credo che queste non ce la possano fare oppure tendo a pensare di sapere che cos'è meglio per loro.

Un tempo avevo come difetto anche la pigrizia oggi invece sono tutto il contrario sono molto attiva forse anche troppo, i miei infatti si "lamentano" che voglio partecipare a tutti gli eventi che ci sono ad Arezzo e che dovrei starmene di più a casa in famiglia ma proprio non mi riesce perché non amo sentirmi costretta in un certo posto.

Un altra cosa che non ho mai sopportato sono le persone che si arrendono e mi dispiace vedere intorno a me persone che che si buttano giù perché io sono dell'idea che nella vita si può sbagliare ma non bisogna mai darsi per vinti qualsiasi cosa succede poiché la vita va avanti e ci crea degli ostacoli fatti apposta per essere superati.

Questi più o meno sono i miei difetti, anche se il più grande di tutti come citato in precedenza a mio avviso rimane il perfezionismo che spesso mi è d'ostacolo nei miei progetti e non mi consente di avere una grande autostima e fiducia in me stessa e in quello che so fare.

Non mi riconosco delle particolari capacità artistiche; forse la recitazione è la cosa che mi riesce un pò meglio ma non sono il tipo capace di scrivere poesie o poemi e tantomeno libri anche se spero che questo mio scritto avrà successo poiché ci ho messo anima e cuore per farlo.

Passiamo invece ai miei pregi …

Umh…. fatemi pensare …..

Non me ne vengono in mente di particolari, vediamo, ci penso un altro pò! Ah ecco! Trovato! Beh come pregi, anche se non dovrei dirlo io direi che sono una persona molto dolce e affettuosa, sopratutto quando ho una persona da amare e a cui rivolgere le mie attenzioni tendo a ricoprire il mio compagno di attenzioni (scusate il gioco di parole) e mi impegno per renderlo felice. Tendo a pensare molto più agli altri che a me, a dir il vero quando mi si dice "Eh ma dovresti pensare un pò di più a te stessa" non riesco a capire che cosa si intende. Che cosa vuol dire occuparsi di se stessi? In realtà lo faccio già non vedo che cosa dovrei fare di particolare. E poi aiutare gli altri mi è sempre piaciuto, mi fa sentire utile e mi fa star bene non vedo perché dovrei smettere.

Un altro pregio che mi viene in mente ma che come ho già scritto può anche essere un difetto, è la determinazione, sono colei che chiamano "La donna con le palle!" perché quando mi metto in testa una cosa dev'essere quella in tutti i modi e la devo fare, lo stesso quando ho in mente un progetto, non c'è niente che mi possa far cambiare idea. Non mi considero tanto con le palle ma insomma … il complimento fa piacere.

Una cosa di cui mi vanto, ma non so se faccio bene, è che mi distinguo e mi sono sempre distinta dalla maggior parte delle altre donne. Sapete … certe volte mi sono divertita a fare una sorta di esperimento, in pratica mi sedevo ai tavolini dei bar dove andavo tipo a prendere una cioccolata e osservavo le persone che erano accanto a me, ebbene ciò che vedevo era che tutte le altre donne; non tutte a dir il vero ma molte, si somigliavano, avevano tutte la borsa, si truccavano, andavano al bagno in 3 e cose di questo tipo, non so se sono io ma io queste cose non le ho mai fatte e a dir il vero non ne ho mai capito il senso. Sono una donna atipica lo ammetto e forse se fossi come tante altre donne probabilmente non mi piacerei. Sia chiaro, ci sono sempre le eccezioni ma ne ho viste e ne conosco poche purtroppo.

Questo non vuol dire assolutamente che le considero stupide ma siamo due mondi completamente opposti.

Come ultimo pregio credo di essere piuttosto empatica. Ah l'empatia, questa sconosciuta! Quella capacità che ti consente di capire che cosa prova l'altra persona, di mettersi nei suoi panni e in qualche modo provare le stesse emozioni o sentimenti. E' una cosa che mi è sempre riuscita piuttosto bene.

Sapete ... molte volte le parole non servono a far star bene qualcuno, è molto meglio un abbraccio, una pacca sulla spalla o un bacio. Trasmettono più calore umano perché le parole si possono fraintendere mentre i gesti parlan da sé.

Credo che più o meno ci siamo ad elencare i miei pregi e difetti dai, se poi avete qualche domanda potrete rivolgermele di persona, sono a disposizione per chiarire dubbi e altro ancora :)

La mia famiglia

Vorrei adesso narrarvi del mio rapporto con la famiglia. Ho sempre visto la famiglia come qualcosa che unisce ma a volte può anche dividere. Voglio dire, non è detto che in tutte le famiglie si vada d'accordo e questa è una cosa del tutto normale, voglio dire chi è che non litiga mai? Ma purtroppo ci sono anche quelle famiglie che non vanno per niente d'accordo e non si parlano o peggio genitori che offendono i figli con i peggiori epiteti o al contrario figli che offendono i genitori.

Nel mio caso per fortuna questo non è mai successo. Ho sempre avuto un profondo rispetto per la mia famiglia, soprattutto per mio padre. Sono sempre stata la classica figlia innamorata del papà, pensate un pò che da piccola gli scrivevo le letterine e avrei voluto fidanzarmi con lui o sposarlo!

L'ho sempre stimato molto perché ha sempre trovato la soluzione ad ogni cosa e lo stimo sopratutto per la sua capacità di non perdersi mai d'animo.

Mio papà, che si chiama Mario, mi ha "salvato" tante volte da moltissime situazioni, come quella volta ad esempio che non erano capaci a levarmi il gesso dalla gamba ed io sentendo un gran male non facevo che urlare e lamentarmi dal dolore finché mio padre entrò; nonostante non si potesse, e per difendermi a spada tratta si sostituì ai dottori spiegandogli, con una certa "incazzatura" oltretutto come dovevano fare con me visto che ho le ossa più fragili del normale.

Quando ero piccola poi mi facevo portare nel lettone dei miei genitori perché soffrivo di gastrite e di tachicardia e non riuscivo mai a dormire; così mi portavano lì e mi addormentavo felice tra le braccia di papà.

Insomma per me è sempre stato il mio mito e prima di Federico era l'uomo della mia vita, ora invece di uomini ho anche lui :) Insomma di uomini ne ho due cosa chiedere di meglio?

Con mia mamma Giuliana, il rapporto è sempre stato buono anche se spesso, soprattuto ora che sono grande litighiamo, perché anche se so che mi vuole bene, delle volte mi da fastidio il fatto che sia così iperprotettiva nei miei confronti. La capisco perché, se anche io avessi una figlia con la mia stessa condizione probabilmente mi comporterei come fa lei. Mia mamma è sempre stata una grande lavoratrice e spesso mi sento in colpa nei suoi confronti perché non riesco, per cause tecniche ad essere autonoma e quindi non le sono d'aiuto, spesso mi sento di peso ma forse questo mio ragionamento è sbagliato. Lei fa la casalinga e ha qualche anno meno di mio padre e si da sempre da fare in famiglia; spesso infatti mi chiedo come faccia a star dietro a tutto. Non fa poco ad occuparsi di tutto non c'è che dire! In questi ultimi periodi mi sto rendendo conto di quanto io abbia sbagliato in passato e il nostro rapporto è notevolmente migliorato. Nonostante i nostri sporadici attriti le ho sempre voluto un gran bene e per certi argomenti delle volte mi ha capita meglio di chiunque altro.

Un altro membro della mia famiglia è mio fratello Mirko di 12 anni più grande di me di età, il nostro rapporto da piccoli era un pò conflittuale; sapete .. la classica gelosia tra fratello e sorella, cose normali insomma, ora devo dire che è molto migliorato, c'è più rispetto e spesso mi ci confido perché è della mia stessa generazione. Purtroppo non condivide molti interessi in comune con me e questo a volte mi dispiace perché vorrei poterci parlare anche di argomenti più seri. Purtroppo anni fa ha avuto un periodo di forte depressione dove ha preso molti psicofarmaci e tutt'ora è in cura, nonostante tutto sta bene ed ha una vita tranquilla.

Una cosa che mi è sempre piaciuta della mia famiglia è che siamo sempre stati uniti di fronte alle difficoltà e nonostante si sia passato dei momenti molto difficili in qualche modo ne siamo sempre usciti brillantemente. Anche chi ci conosce dice spesso che siamo una famiglia unita e non divisa come ce ne sono tante purtroppo.

Veniamo adesso a parlare dell'ultimo, ma non meno importante, membro della mia famiglia, il piccolo Red. Come scritto prima l'ho preso che era un cucciolino di appena 3 mesi, era vivace ma molto impaurito e lì per lì ha messo a dura prova la mia pazienza. Red è il mio piccolino, e spesso si dimostra molto più umano di certi esseri che osano definirsi esseri umani. Non sono poche le occasioni in cui si è dimostrato umano, standomi vicino quando ho pianto ad esempio come se mi avesse voluto dire "Stai tranquilla, io sono qui!"

Red è un membro della famiglia a tutti gli effetti e ha portato una sferzata di allegria ed entusiasmo nel cuore di tutti.

1°Aprile 2016

Una data che non mi dimenticherò mai.

Quel maledetto 1° Aprile rimarrà un ricordo incancellabile come una macchia d'inchiostro nella mia mente e nel mio cuore, una data che mi ha segnato e mi segnerà per sempre. Vi starete a questo punto chiedendo che cosa sia successo di così terribile!? Beh ve lo spiego subito, cominciamo dal principio.

Il 1° Aprile di solito è il giorno in cui si fanno gli scherzi, vi ricordate i famosi "pesci di aprile?", quei simpatici pesciolini che ci divertivamo ad attaccare nelle spalle di un povero malcapitato? Io sopratutto quando ero a scuola ne avevo fatti tanti. Quel giorno però lo scherzo ce lo ha giocato la Vita, un pessimo scherzo davvero. Federico era a casa mia qui ad Arezzo, volevamo organizzare uno scherzo epico alla mia famiglia; una cosa divertente, volevamo far finta che un nostro amico non tanto gradito alla mia famiglia, volesse venire in visita. Avevamo architettato tutto nei minimi dettagli, persino la finta telefonata, avevamo infatti fatto le prove la sera precedente.

Sarebbe stato uno scherzo carino e divertente, e alla fine avremmo spiegato che si trattava appunto di una burla, una cosa così, senza fare del male a nessuno.

E invece per qualche strano scherzo del destino, quel giorno ricevemmo una brutta notizia. Era da qualche periodo che mia mamma Giuliana aveva una forte tosse, di continuo e così aveva deciso di fare una rx. Tornata a casa, dopo la radiografia, ci chiamarono al telefono con una certa urgenza e con tono piuttosto allarmato dissero che si trattava di una sospetta polmonite. A me al mio ragazzo la voglia di scherzare ci passò completamente e subito, una notizia così ci sconvolse così tanto che ci buttammo immediatamente giù. Cercammo però di non perderci completamente d'animo, anche se la mia famiglia, a tal notizia era piuttosto abbattuta. Per farla breve, quello non è stato che l'inizio di un calvario che dura tuttora, si perché poi vi sono state numerose altre visite, tra cui tac e risonanze varie e il risultato infine è stato quello che nessuno si sarebbe mai aspettato, la diagnosi di adenocarcinoma polmonare.

Nella mia famiglia la parola "tumore" era sempre stata considerata un tabù, era una cosa così tanto temuta che non osavamo nemmeno pronunciarne il nome e quando si sentiva in televisione di storie di persone con un tumore o cambiavamo canale oppure preferivamo non pensarci affatto.

Il maledetto tumore polmonare è così entrato nella nostra vita, nella nostra famiglia, con prepotenza come un ospite non gradito e fino al giorno in cui mia mamma ha dovuto effettuare l'intervento di lobectomia, ovvero l'asportazione di una parte di lobo polmonare, non se n'è voluto andare. Ricordo ancora la faccia preoccupata del nostro medico di famiglia; che di solito non si spaventa mai abbastanza, e le attese… Quelle attese snervanti che ti logorano dentro, quelle attese nell'aspettare una risposta che in parte vorresti avere e in parte no.

Da quel tremendo giorno la mia vita è cambiata, e mi è letteralmente crollato il mondo addosso. Mai avrei pensato che mi sarei ritrovata un giorno a far fronte ad una cosa del genere! Mai avrei creduto che mi sarei ritrovata un giorno a fare ricerche su "google" a proposito di tumori, una cosa così non me la sarei mai nemmeno lontanamente immaginata!

Oggi, 3 marzo 2017 la battaglia non si è ancora conclusa. L'intervento a mia mamma andò bene e al polmone non le hanno trovato più niente ma purtroppo il maledetto ospite ha dato metastasi in una zona ancor più delicata, l'encefalo.

Mia mamma è stata davvero molto coraggiosa ad affrontare cose quali la chemioterapia e la radiochirurgia, e forse come me è una specie di leonessa; personalmente non so se sarei riuscita a fare la stessa cosa. Da quel giorno, come vi dicevo il nostro rapporto è molto cambiato, adesso cerco di non arrabbiarmi più con lei, e la vedo sotto una luce diversa, non c'è più rancore tra di noi; e forse in realtà non ce n'è mai stato, e mi sento molto più matura nei suoi confronti.

Quello che mi auguro davvero è che riesca a superare tutto questo, perché non riesco proprio a immaginare la mia vita senza la mia famiglia.

Federico mi ha aiutato moltissimo a sopportare tutto ciò, e il suo affetto e sostegno morale sono cose impagabili e non finirò mai di ringraziarlo. So quanto è stato difficile per lui; sopratutto perché è come se avesse vissuto due volte la stessa cosa, e so che probabilmente gli ho chiesto fin troppo ma senza di lui, senza le sue parole dolci, i suoi abbracci e il suo calore probabilmente sarei crollata.

Altri parenti

Se il rapporto con i miei genitori è stato idilliaco, purtroppo non posso dire lo stesso degli altri parenti; escludendo rare eccezioni. Purtroppo con molti di loro ho spesso perso i contatti, sopratutto con i miei cugini e cugine che non vedo da una vita. Eccetto qualche eccezione non ci sono mai andata molto d'accordo perché non condivido il loro stile di vita … ma sorvoliamo che è meglio!

Ho avuto vari nonni ma purtroppo mi sono morti tutti, mio nonno Nello a cui ero molto affezionata (quello che giocava con me vi ricordate?), mia nonna Ines sua moglie che purtroppo mi ha lasciato quando ero piccolina, mia nonna Assunta la mamma di mio padre e il babbo del mio babbo che non ho conosciuto purtroppo.

Colui con cui sono stata più a contatto è senza dubbio il nonno Nello che mi ha insegnato tante cose e da cui ho preso molti tratti del carattere.

I miei zii pure erano numerosi, la zia Laura che mi ha lasciato di recente e che ho "assistito" quando lavoravo all'RSA Maestrini, di carattere forte e determinato proprio come me, l'altra mia zia Laura di Firenze che anche se non era una zia per me era un membro della famiglia a tutti gli effetti e anche lei purtroppo ci ha lasciato di recente, mio zio Angelo marito di mia zia Uliana. Ho avuto anche l'onore di avere come zio un personaggio famoso, lo zio Cristofano detto zio "Tofano", vincitore della 5 Mulini nell'anno 1947, per chi non sapesse di che cosa si tratta stiamo parlando della più grande corsa campestre italiane. Il marito di mia zia Laura (non quella di Firenze), ma una delle sorelle del mio babbo era lo zio Aurelio, che da piccola mi faceva sempre divertire e ridere, era molto simpatico e gentile e quando ci ha lasciato ha lasciato come con la zia Laura e tutti gli altri un grande vuoto.

Dei miei cugini citerò soltanto Mauro e la sua famiglia assieme a mio cugino Luca perché sono gli unici con cui ho continuato ad avere rapporti interpersonali.

Amici

opo avervi descritto in breve la mia famiglia credo proprio che sia giunto il momento di dedicare uno spazio agli amici. In questa piccola parte scriverò di amici attuali ma anche passati.

"E a noi che ce ne frega?" direte voi. Beh siete liberissimi di concludere qui la lettura del libro ma ormai siete arrivati fin qui… ancora un piccolo sforzo dai!

Innanzitutto i miei attuali amici :

- La Francesca e l'Alessandra, sono due sorelle che conosco fin dai lontani tempi in cui frequentavo le elementari e con cui non ho mai perso i rapporti. Con loro mi sono sempre sentita a mio agio e sono state compagne di tante scemenze e bricconerie. Ne abbiamo combinate proprio tante insieme, come quella volta che ci si rincorse per tutta la piazza San Iacopo di Arezzo tirandoci coriandoli e ridendo a squarciagola come delle pazze uscite dal manicomio. La Francesca mi è sempre stata vicino, quando ero in ospedale e quando ero vegana mi portava delle torte buonissime, come la torta di mele ad esempio cucinate da lei. Uno spettacolo! E delle volte mi ha persino fatto la tinta ai capelli, ebbene si, i capelli rossi che probabilmente avrete visto in foto erano opera sua! Voglio loro molto bene e desidero che la nostra amicizia continui per sempre o comunque per molto tempo. E l'Alessandra è stata l'unica a soccorrermi mentre tutti gli altri guardavano, quella volta che mi ribaltai a scuola con la carrozzina elettrica; ebbene si è successo anche questo :)

- La Chiara, è una mia amica recente presentatami dal suo attuale fidanzato Marco anch'esso mio amico. Vi dirò, lì per lì non so per quale motivo non avevo voglia di conoscerla ma se non lo avessi fatto me ne sarei pentita amaramente! E' una grande amica per me e con lei posso parlare di tutto a ruota libera e senza tabù di nessun tipo. La ascolto sempre molto volentieri e lo stesso fa lei quando le confido i miei problemi. E' un pò mascolina come me ma è anche per questo che ci vado d'accordo. Non ho mai sopportato quelle tipe tutte gnè gnè e per fortuna lei non lo è.

- Marco Bindi, anche lui è un grande amico, lavora in Crocerossa, si da molto da fare e assieme al padre gestisce un'edicola svolgendo un lavoro molto duro. Ci conoscemmo sul sito "Badoo", il classico social network fatto apposta per incontrare gente. Mi colpì il suo profilo fin da subito e la descrizione del suo carattere e in breve tempo siamo diventati amici. Tempo fa uscivamo anche insieme e veniva spesso a prendermi e mi ha sempre aiutato e stato vicino nel momento del bisogno.

- La Beatrice: la conobbi all'Università, se non erro al 2° anno e facemmo amicizia molto alla svelta perché mi somiglia molto quanto a gusti, è una ragazza simpatica e allegra, sempre attiva e sempre pronta a dare una mano. Con lei ho conosciuto anche la sua famiglia, molto alla mano e disponibile, ora ci ho perso un pò i contatti ma spero di rivederla al più presto.

- Francesco & Concetta : ho conosciuto Francesco, un "ragazzo" di circa 40 anni poiché su Facebook per caso trovai il profilo di un certo "Armonico" che aveva come avatar una sorta di squalo, mi incuriosì, capii che si chiamava Francesco e che era di Como e poi ci vedemmo ad Arezzo assieme alla Francesca e all'Alessandra. Ci divertimmo molto e ne combinammo tante insieme, furono giornate allegre e spensierate. In seguito poi ho conosciuto anche la sua fidanzata Concetta, anche lei molto simpatica che però vive a Bologna. Spero di rivederli davvero al più presto!

- La Concy: è una ragazza che ha la mia stessa patologia e che ho avuto modo di conoscere anche di persona ad Arezzo. E' molto dolce e simpatica e vorrei sentirla più spesso. Anche lei piacciono i peluche come a me.

- La Giusy, una mia carissima amica con disabilità, nonché donna molto in gamba, attivissima e presidente di AISM ovvero l'Associazione Italiana Sclerosi Multipla. Ogni tanto la trovo in città ed è sempre un piacere parlare e fare due risate con lei

- Alice : L'Alice è una ragazza che non conosco benissimo ma che ho avuto occasione di conoscere grazie alla mia amica Francesca, è una ragazza molto bella dolce e sensibile.

- La Paola : è la mia vicina di casa e con lei e la sua famiglia vado molto d'accordo, è una persona molto attiva e brillante in tutto quello che fa. Ha partecipato spesso a molti miei spettacoli di "Match d'improvvisazione teatrale" e mi è stata vicino quando ero in Ospedale a Siena e ad Arezzo.

- La Dè : La Debora e le sua allegra brigata mi hanno fatto molta compagnia e fatto pesare meno gli anni di Università, siamo molto simili e trovo lei e il suo ragazzo una bellissima coppia che mi fa pensare a me e a Federico. Sono di Orvieto e purtroppo non ho la possibilità di vederle spesso ma ci sentiamo comunque in chat e al telefono, vorrei tanto abitassero nella mia stessa città credo proprio che sarebbe bellissimo.

- Alessio : conosciuto anch'esso su Badoo è stato il mio compagno di viaggio la terza volta che venni a La California. E' molto simpatico e allegro e come me è appassionato di cinema e di film di fantascienza e ne vanta una bella collezione

- Stefano e famiglia : Stefano era il vicepresidente della Confesercenti di Arezzo ed ebbi modo di conoscerlo in seguito alla richiesta di un colloquio per parlare della situazione delle barriere architettoniche in città, fin da subito si rivelò molto disponibile e pronto a dare una mano, il giorno in cui entrai nel suo ufficio infatti fui colpita proprio da questo suo essere alla mano e da allora siamo diventati amici. Di recente mi ha persino accompagnato da Federico, assieme all'Emanuela la sua fidanzata e spesso è venuto a farci visita a casa e abbiamo passato tutti insieme delle belle giornate.

- La mia amica Anna; una signora molto gentile e di buon cuore che mi è stata vicino in varie occasioni nonostante non abbia avuto il piacere di conoscerla di persona ma il suo aiuto è stato provvidenziale in varie occasioni.

- Gli Amici di Facebook: Ho molti amici su Facebook, forse, non conoscendoli di persona non dovrei considerarli tali ma in realtà è proprio il contrario; perché non vuol dire niente questa cosa. Non con tutti mi sento, ma molti mi sostengono quando pubblico i video e quando faccio post inerenti le mie battaglie, senza di loro credo proprio che non sarebbe lo stesso. Tra questi in particolare vorrei citare la Tiziana, una mia amica sensitiva, la Flora, una ragazza con disabilità, Riccardo sempre un altro ragazzo con disabilità e Antonio un ragazzo con Osteogenesi Imperfetta.

Costoro sono coloro che considero gli amici più stretti, spero che nessuno si offenda se non compare in questa breve lista, è chiaro che ce ne sono molti altri, come ad esempio gli amici de "La California", tra cui il mitico Liviano, ovvero il vicino di casa di Federico, la famiglia Celli; tra cui la bravissima Candida Zoppi; proprietaria della Pasticceria e il suo compagno Gert, il nostro caro amico Andrea Montagnani, i fratelli Menchi; che però si sono trasferiti alle Isole Canarie e che ho avuto il piacere di conoscere, Giacomo D'Alessi; ovvero il Jack, Lele e "Matteino" Elencarli tutti sarebbe stato un problema e lo spazio è quello che è :) Non prendetevela quindi ok? C'è un posto speciale anche per voi nel mio cuore.

Arezzo

Come considero la città di Arezzo?

Beh è il luogo dove sono nata è chiaro, ma una piccola opinione ci sta tutta. Come città mi è sempre piaciuta molto, sopratutto a livello culturale credo che non abbia nulla da invidiare rispetto alle altre città più grandi. Gli Eventi non sono mai mancati; anzi spesso sono fin troppi, e la solidarietà con mio grande piacere nemmeno.

Capostipite della città di Arezzo per chi non la conosce o per chi già ne ha sentito parlare credo proprio che sia la famosa "Fiera dell'Antiquariato"

Essa si tiene l'ultimo sabato e domenica del mese e può vantarsi di avere ben 400 espositori di ogni tipo ed è nata il lontano 2 Giugno dell'anno 1968. Ci sono stata molto spesso ed ho trovato articoli interessanti anche se i prezzi non sono proprio alla portata di tutti.

Arezzo purtroppo non è molto conosciuta; anche quando ero in Francia spesso molti non ne avevano mai sentito parlare a differenza della più conosciuta Firenze. Oltre ad essere molto ricca di eventi culturali, ci sono molte sagre e feste sopratutto in Estate.

Ad Arezzo ho conosciuto tante persone famose tra cui Orlando Marchesi detto Mr Orly, sosia di Renato Zero che ci ha subito affascinato ed emozionato con la sua voce fantastica! E' un mito davvero. Oltre a lui ho conosciuto Riccardo Quercioni, detto Rique, bravissimo artista e pittore nonché autore della qui presente copertina, che mi ha persino regalato dei quadri che tengo con onore in camera mia ed uno a casa di Federico.

Un altro grande artista conosciuto ad Arezzo è stato Raffaele Vitali, anche lui autore di bellissimi quadri raffiguranti paesaggi e girasoli. Ho sempre amato l'arte e sopratutto ho sempre trovato un certo fascino negli artisti di strada.

Punto dolente della città di Arezzo? Ma è chiaro come il sole ormai, le famigerate BARRIERE ARCHITETTONICHE!!

Lo so lo so non ne potete più di sentire questa parola ma gira che ti rigira siamo sempre a parlare di questo spinoso problema. Se non fosse per questo fastidioso ostacolo Arezzo sarebbe la città più bella del mondo ma purtroppo a causa di numerose buche, marciapiedi disastrati e scalini di ogni tipo ci perde molto.

Le Farmacie ad esempio, la maggior parte di esse non sono accessibili e la cosa la trovo a dir poco vergognosa perché dovrebbero esser una priorità, l'ho spesso fatto presente ma evidentemente non parliamo la stessa lingua.

I Ristoranti anche lì molti non sono adatti alle persone in sedie a rotelle e purtroppo quando facemmo una sorta di censimento con il mio amore ne risultò che circa l'80% delle strutture non erano adeguate e accessibili.

Principalmente i locali dove posso accedere con più facilità sono i seguenti : "Spazio Morini" in Piazza S. Iacopo, "Sandy Caffè" nella bellissima "Piazza S. Agostino", "Sushi Bar" dove fanno un ottimo Sushi e dove vi lavora un personale molto simpatico e alla mano. Tra questi ce ne sono degli altri ma principalmente i più accessibili sono questi. Menzione a parte lo merita la libreria Edison dotata di montascale e scivolo per entrare all'ingresso.

Se Arezzo diventasse finalmente una città accessibile a tutti, ci guadagnerebbe molto! Non solo dal punto di vista umano; perché probabilmente sarebbe il segno che qualcosa è cambiato anche nella testa e nella cultura delle persone ma anche turistico e se proprio vogliamo dirla tutta economico.

Si perché i disabili sono anche loro dei clienti, se per esempio prendete me io devo stare molto attenta poiché ho il vizio di spendere e spandere e credo che prima o poi i miei mi leveranno il portafoglio :)

Quindi SI, siamo clienti e siamo anche clienti ESIGENTI e come CLIENTI vogliamo come gli altri CLIENTI poter accedere in questi posti.

Di recente è stato approvato il PEBA (Piano Abbattimento Barriere Architettoniche), e sono stata chiamata a dire alla mia da Barbara Perissi, coordinatrice della famosa emittente televisiva locale di Arezzo Teletruria . Che cosa penso del PEBA? Beh ho sempre sentito nominare questo piano di abbattimento e a volte sono stata anche ai tavoli di lavoro, quello che penso? Come dissi nella mia intervista che spero che non rimarrà soltanto un nome ma sarà anzi un trampolino di lancio per far si che Arezzo diventi la città che tutti sogniamo. Accessibile e vivibile per tutti senza distinzioni di nessun tipo.

Al momento sto cercando di dare fiducia in questo progetto anche se con il tempo purtroppo la fiducia va a scemare ma aspettiamo e chi vivrà vedrà ….

Ad Arezzo per fortuna ho sempre trovato un certo riscontro e un grande aiuto sopratutto dal punto di vista mediatico, ho avuto il supporto di giornalisti del calibro di Massimo Gianni, che con la sua trasmissione "Sos sportello Reclami" ha contribuito non poco a dar voce a chi voce non ce l'ha, oppure dagli amici di Arezzo

Tv, in particolare anche assieme a Federico sono state fatte delle interviste non soltanto sul tema della disabilità ma di tanto altro ancora. Con Federico assieme a Massimo Gianni abbiamo girato un servizio anche sulla scarsa cura dell'ambiente in una zona in via Duilio Nicchiarelli, insomma noi l'impegno ce lo abbiamo sempre messo, ora sta alle Istituzioni pensare al resto no?

Quando giro ad Arezzo a volte mi sento come se fosse un pò "la mia" città perché ne sono molto affezionata e mi dispiace vedere che questi problemi dopo tanti anni non sono stati risolti o comunque è stato fatto ben poco. Mi piace spesso passeggiare con la mia Ferrari per le strade del Corso e parlare con le persone, e amo molto anche fare shopping. lo confesso! Prediligo i negozi di videogames, le librerie e le fumetterie, ormai credo che non sia più un segreto :)

Ho molto a cuore questa città e credo che potrebbe offrire e dare molto molto di più se diventasse accessibile a tutti.

Signor Sindaco Alessandro Ghinelli e giunta Comunale pensateci voi, siamo nelle vostre mani!

Com'ero …

Queste sono alcune note che pubblicai su internet molti anni fa … quando ancora non ero consapevole di me stessa …

Che differenze vedi?

August 24, 2013 at 2:21pm

E' difficile accettarsi, ancor di più amarsi, quando si vede il proprio corpo pieno di difetti. Ma anche quando non lo si vede c'è chi te lo fa vedere.

Quante volte ho sentito discorsi tipo "Ho paura di vedere il tuo corpo nudo"

Tu cerchi di costruire qualcosa, un futuro che renda entrambi felici

ma poi l'altra persona scappa. E per cosa poi? Per un corpo. Un corpo che non vede erfetto, certo non è slanciato, non si hanno gambe lunghe come quelle delle modelle, nè un fisico statuario, ci sono dei difetti è vero ma sempre un corpo è.

Una donna e un uomo. Che importanza può mai avere il resto?

Che differenze vedi?

Quante volte ho creduto di essere io quella sbagliata, e quante altre persone come me sicuramente lo han pensato...

Futili discorsi

Parole vuote

Occhi che non sanno osservare ma che guardano soltanto

Che non vedono l'interezza, la persona nel suo insieme.

Spesso non si pensa che una persona disabile vuole solo una cosa, come tutti gli esseri umani, semplicemente essere amata

---

Come si capisce dal testo riportato qui sopra trovavo molta difficoltà ad accettare il mio corpo, figuriamoci ad amarlo e come ho già scritto in precedenza il percorso che mi ha portato all'accettazione e successivamente alla stima di me stessa è stato davvero duro e faticoso.

Provavo di continuo a farmi amare, volevo piacere a tutti i costi ma non avevo compreso una cosa fondamentale. Quale? Che per prima cosa bisogna piacersi!

Paragonarsi agli altri

July 1, 2014 at 4:44am

Ciao sono il paragone
e non vedo l'ora di trovare una donna migliore di te per farti sentire
una persona completamente inutile, brutta e stupida
ci godo quando mi dai corda, quando ti metti a guardare le foto delle altre donne e ti
sminuisci
non sei consapevole di avere un valore e credi che le altre siano meglio di te, chiunque altra
e questo mi fa davvero felice. Così facendo mi fai sentire più forte e difatti mi sento davvero
invulnerabile.
E tutte le volte che piangi...ahh che soddisfazione! Bè si sono un pò sadico lo ammetto ma
alla fine è solo colpa tua che mi dai corda
Magari la tipa in questione è bella ma ha un brutto carattere, ma tu sei così, ti ci paragoni e
quindi CHIUNQUE
risulta essere migliore di te o questo è ciò che pensi....
Bhè continua a pensarlo, così diventerò un essere gigantesco e ti schiaccierò!
Grazie di nutrirmi sempre "

SMETTIAMOLA DI PARAGONARCI!
Cerchiamo di essere consapevoli che ognuna di noi è unica nel suo genere e che essendo
esseri umani siamo potenzialmente fallibili e meravigliosamente imperfetti..
Non è facile...lo so, ne sono consapevole
Io stessa spesso non ci riesco, e non faccio che guardare le foto delle altre ma credo che
prima o poi anche io smetterò di nutrire quell'essere chiamato "paragone"

Questo era un altro errore che facevo di continuo, il paragonarmi agli altri ma sopratutto alle altre. A volte capitava persino di passare ore o giornate intere a sfogliare foto di belle donne su Facebook o altri siti e social network e questo mi generava soltanto una profonda frustrazione e malinconia. Mi vedevo diversa e vedevo tutte le altre donne più belle di me, chiunque essa fosse.

La Felicità

Che cos'è la felicità?

Tutti hanno sempre cercato di capire da che mondo e mondo come si può cercare di essere felici… quindi, che cos'è la felicità? Quella vera che dura per sempre? A tal proposito io credo che la felicità possa durare solo pochi attimi ma che ci si impegna per cercare di raggiungere e realizzare i nostri desideri possa durare anche molto di più

Ognuno di noi ha la sua idea di felicità, c'è chi è felice con poco o con quello che ha mentre c'è chi non si accontenta mai e difficilmente è felice

Lascio qui un elenco delle cose che mi rendono felice

- Sono felice quando sfreccio liberamente con la mia fidata compagna di avventure, la magica Speed Star (per chi non lo sapesse si tratta della mia carrozzina elettrica) e quando mentre corro sento il vento accarezzarmi sinuosamente i capelli.
- Sono felice quando posso fare qualcosa in maniera autonoma senza l'aiuto di nessuno.
- Sono felice quando posso aiutare qualcuno e il mio aiuto fa star bene questa persona.
- Sono felice quando mi sento Donna e libera di esprimere la mia femminilità e sensualità.
- Sono felice quando sono posso stare tranquilla per quanto riguarda la salute mia e delle persone che mi sono care.
- Sono felice quando il piccolo Red mi si addormenta in braccio.
- Sono felice quando rido e scherzo con i miei amici e sono libera di essere me stessa.
- Sono felice quando sono con Federico e passiamo delle belle giornate assieme a ridere, scherzare e condividere le nostre passioni.
- Sono felice quando vengo avvolta dalle sue braccia.
- Sono felice quando qualcuno mi consola quando sono triste.
- Sono felice quando sento i delicati raggi del sole di Primavera sfiorarmi il volto.
- Sono felice quando posso pensare un pò a me stessa.
- Sono felice quando assaporo un piatto particolarmente gustoso.

- Sono felice quando le mie idee e pensieri vengono capiti.

- Sono felice quando mi sento apprezzata nel mio valore come persona.

- Sono felice quando esce un nuovo videogioco o leggo un libro che mi interessa particolarmente.

- Sono felice quando incontro qualcuno che stimo e ammiro.

- Sono felice quando in compagnia della mia famiglia andiamo d'accordo.

- Sono felice quando chi amo è felice.

- Sono felice quando mi rilasso con il rumore delle onde del mare di notte.

- Sono felice quando vedo che le mie parole sono state finalmente ascoltate e vedo dei risultati per quanto riguarda le mie battaglie.

- Sono felice quando faccio una nuova scoperta.

- Sono felice quando mi sento VIVA.

- Sono felice quando non vengo privata della mia dignità.

- Sono felice quando porto a compimento un progetto in cui credo particolarmente.

- Sono felice quando posso addormentarmi serenamente dopo una giornata faticosa.

- Sono felice quando la Vita è veramente Vita!

Racconti

Approfitterò di questo spazio che tratta di cose secondarie della mia vita per narrarvi alcuni simpatici o meno simpatici episodi che mi sono successi.

Pronti? VIAAA!!!

"Cercando una parrucchiera"

Ho dovuto faticare molto per trovare la parrucchiera ideale, vi dirò la verità; come mestiere purtroppo non mi sono mai rimasti molto simpatici fino ad oggi in cui tutto è cambiato ma soltanto per il fatto che li trovo molto invadenti alcuni e perché sono sempre uscita dal salone UGUALE A COME ERO!

Per la precisione ne ho cambiate ben 3!

La prima era una signora che aveva il negozio nella via dove abitavo molti anni fa, ricordo benissimo l'odore forte della sua sigaretta diretto nei miei poveri polmoni; e dire che era appena entrato in vigore il divieto di fumo nei locali! Molto coerente non c'è che dire!

"Scusi ma non si dovrebbe fumare nei locali!" le feci gentilmente notare tossendo vistosamente. Lei mi rimproverò che il locale era il suo e che poteva fare ciò che voleva!

Cercai di sopportare tutto ciò quel giorno e di risposta alzai le spalle, le chiesi però di farmi un caschetto un pò scalato ma lei mi riprese di nuovo dicendomi che non mi ci sarei vista, che avevo il viso ovale (?), che ero piccolina ecc…

Beh inutile dire che dopo quella volta non ho più rimesso piede nel suo locale.

Ne cercai un'altra e questa volta la trovai piuttosto vicina da casa, ma anche con lei non ho avuto fortuna perché era molto invadente e voleva sapere sempre gli affari miei oltretutto non era tipa particolarmente sorridente. Non sono più andata a causa dell'ambiente, non mi ci trovavo proprio.

Ho girato in lungo e in largo per le strade di Arezzo, persino nelle piccole vie secondarie di Corso Italia ma senza grande successo. Ricordo che avevo deciso di tingermi i capelli completamente di rosso, entra in un negozio piuttosto rinomato in centro ma anche loro mi chiusero la porta in faccia dicendomi che per i capelli che avevo io non sarebbe bastato un barattolo di tinta e gli sarebbe costato troppo.

Quando ero decisa a rinunciare, e dopo aver chiamato la mia amica Francesca che mi fece una tinta di un bellissimo colore rosso ramato, accadde qualcosa. Mi venne consigliato da un'amica un tale "Carlo Bay", mi spiegò che era un salone piuttosto famoso non solo ad Arezzo ma in tutt'Italia e forse anche in tutto il Mondo!

Meravigliata da tali parole mi misi immediatamente a cercarlo e con mia grande sorpresa scoprii che non era nemmeno troppo lontano da un locale in cui andavo spesso a fare l'aperitivo, così decisi di entrare.

Varcata la soglia per la prima voltai mi colpì subito la cortesia e dolcezza di tutto lo Staff in particolare delle ragazze che mi accolsero con gioia e simpatia senza tanti problemi. Feci notare però che il locale non era accessibile all'interno ma subito mi promisero che avrebbero fatto di tutto per aiutarmi.

Sapete… delle volte non si può avere tutto e bisogna anche capire quando si chiede l'impossibile così ho "negoziato" per farmi dare una mano.

Scesi di sotto e venni immediatamente catturata o meglio affascinata dal bellissimo salone di colore bianco, dalle musiche estremamente rilassanti e piacevoli e dalla bellissima atmosfera.

Insomma per farla breve oggi sono loro cliente fissa, mi trovo davvero bene e trovo tutti molto simpatici e gentili, dei veri professionisti del capello. Mi hanno sempre trattato con molta cura e spesso mi chiedo come facciano a non mandarmi a quel paese dato che delle volte faccio loro delle strambe richieste.

Ho persino una parrucchiera personale, la mia preferita la Vladi, che ha sempre trovato il modo di accontentarmi in tutto e per tutto, quando non c'è lei mi rivolgo ad Andrea o alle altre. Insomma per me sono come una grande famiglia e sono molto felice che me li abbiano fatti conoscere.

"Forse lassù qualcuno ci protegge"

Questo particolare episodio che vi andrò a raccontare è accaduto quando la mia dolce metà Federico era ospite a casa mia ad Arezzo.

Era il periodo in cui mia mamma doveva operarsi, dovete sapere che ha dovuto subire un delicato intervento al polmone a causa di un adenocarcinoma; intervento fortunatamente riuscito molto bene ma che tutt'oggi le causa qualche problema secondario.

Quella sera ero molto tesa, era infatti il giorno prima dell'operazione, non sapevo a chi rivolgermi e anche se non sono mai stata molto religiosa mi venne in mente di salire in camera del nonno.

Mi sedetti sul letto e Federico si mise a fare la ciclette, osservai la foto di mio nonno sempre sorridente come se fosse ancora vivo, gli diedi una carezza e pensai se in qualche modo avrebbe potuto confortarmi o darmi un consiglio.

Accadde qualcosa a cui tutt'oggi non riusciamo a trovare una spiegazione razionale. Mentre ero sul letto una spia di colore giallo si accese, era la luce del condizionatore, che da quando era lì non era mai stato acceso, mai!

Lì per lì mi impaurii molto perché quell'episodio mi sconvolse e guardai Federico cercando di capire se accidentalmente poteva averlo acceso lui. Non era possibile però perché eravamo molto distanti dal telecomando e perché; come mi ha poi confermato mio papà era stato spento del tutto.

Che cos'era accaduto allora? Beh finita la paura iniziale realizzai che in qualche modo mio nonno avesse voluto farmi capire che c'era, che era presente e che non mi avrebbe lasciata sola. Mi piace continuare a pensare che sia così. E forse anche quella volta, il giorno in cui mi investirono lui in qualche modo mi ha protetto …

"Una breve esperienza di lavoro alle elementari"

Nella vita ho avuto modo di provare un pò di tutto, tra tutte le cose che ho fatto c'è stata anche una breve ma intensa esperienza alle Scuole Elementari dell'Istituto Medaglia Miracolosa di Viciomaggio.

Vi entrai attraverso la scuola, non avevo mai avuto a che fare in modo diretto con i bambini ed era per me un'esperienza del tutto nuova che un pò non vi nascondo mi spaventava. Mi chiedevo se avrebbero riso di me, se mi avrebbero presa in giro come avevano fatto i ragazzi delle scuole medie ma per fortuna mi resi presto conto che mi sbagliavo.

Appena arrivata invece trovai un branco di bambini adoranti che letteralmente mi accerchiarono, facendomi mille domande e curiosità ed in breve tempo divenni una di loro.

Ma dopotutto era sempre un'esperienza di lavoro e non potevo lasciarmi coinvolgere molto nonostante fossero bambini, così provai a dare loro una mano e cominciai ad aiutarli nei compiti ma sopratutto a difenderli dai soprusi che erano costretti a subire da parte di una persona in particolare.

Quando conclusi il tirocinio ne fui molto triste e sperai che in futuro li avrei rivisti tutti ma purtroppo non è mai successo....

"Scorribande al campo"

In tutto questo papier riguardante la mia vita non vi ho mai accennato del mitico "campo".

Ma che cos'è questo campo, direte voi!? E' presto detto! Si tratta del mitico orto di mio nonno e dei miei genitori, un bellissimo pezzo di terra che abbiamo nella città natale di mio nonno Nello e mia mamma Giuliana.

Un tempo vi andavo spesso, sopratutto quando ero bambina. Un episodio in particolare credo sia doveroso raccontarvi.

Siccome ho sempre avuto una grande passione per la pesca e fin da piccola mi sono divertita assieme ad i miei e a mio nonno ad andare in gita a fare delle belle pescate, mio papà per accontentarmi aveva scavato delle buche dove aveva gettato dei pesci.

Prevedo già dopo questo mio piccolo racconto molte reazioni infastidite degli animali ma che cosa potevo farci? Ero una bambina e mi divertivo a quel modo.

Il campo comunque in parole povere non è nient'altro che un orto, mio nonno prima di morire se ne era sempre preso cura assieme a mia nonna, e dopo di lui è passato in gestione alla mia famiglia ma è sopratutto mio padre che se ne occupa di più. E' molto ampio e vi sono coltivate moltissime cose tra cui frutta e verdura, ci sono le fragole con le serre, le patate, i pomodori, insomma c'è ogni ben di Dio!

Quando ero piccola nella rimessa tenevamo la mia jeep, quella della Peg Perego se vi ricordate la marca era piuttosto famosa, con quella specie di fuoristrada mi divertivo a scorrazzare per le campagne andando a tutta velocità. Una volta però andai troppo forte, esagerai e beh.. mi ritrovai bloccata in cima ad una piccola collina.

I miei che in quel momento stavano lavorando la terra non riuscivano a sentirmi per quanto urlassi e così a forza di premere sul pedale riuscii miracolosamente a venire giù. Che spavento ragazzi!

"Una ginecologa non troppo simpatica"

Qualche anno fa ho avuto a che fare con una ginecologa non troppo professionale né simpatica. Dovetti andarci perché non mi venivano le mie cose in modo puntuale, e mi sballavano sempre anche di qualche mese oltre a provocarmi dei lancinanti dolori di pancia seguiti da pianti e depressioni varie.

Ma non mi ci recai solo per quello ma anche e sopratutto perché a quel tempo mi ero appena fidanzata con M e volevo informarmi bene sui metodi contraccettivi.

Questa tizia mi venne consigliata da una mia collega di lavoro che me ne parlò molto bene.

Quando entrai notai subito che non era una persona fuori dal comune ma una cosa che notai in particolare era la sua agitazione quasi fino ad arrivare alla frenesia".

"Che tipa!" pensai. Ero decisa a scappare ma decisi comunque di darle una chanse, in fondo non ci avevo nemmeno ancora parlato.

Mi rivolse mille domande, con me venne anche M e anche lui bombardato di quesiti. Dopo avermi fatto la normale visita risultò che non mi venivano perché soffrivo di ansia, perché ero tesa e fin qui tutto bene. Finita la visita però cominciò lo show.

"Sentite vi posso fare una domanda?" Chiese rivolgendosi a entrambi.

Risposi io "Mi dica"

Le chiesi incuriosita di che cosa volesse ancora sapere

"Io non è per curiosità ma per puro interesse scientifico ma…" ci mise un pò a rivolgermi il quesito poiché era visibilmente in imbarazzo "insomma niente di personale ma.. come fate ad avere dei rapporti?"

Sbam!

Lì per lì rimasi letteralmente a bocca aperta e guardai M che perplesso quanto me rispose in modo piuttosto brusco.

"Come fanno due persone! Come sennò?!"

Lei insistette e rincarò la dose fino a che arrivammo a parlare della questione figli al che lei mi "consigliò" di sterilizzarmi.

Rimasi così schifata da quella conversazione che dopo averle risposto in maniera provocatoria un "Se vuole vedere come facciamo prenda un biglietto!" me ne andai e la lasciammo così senza tanti complimenti.

"La mia prima conferenza"

Un giorno venni contattata da una certa professoressa Raspanti, una donna molto cortese e alla mano che mi disse di insegnare all'Istituto Fossombroni di Arezzo e udite un pò?! Mi propose una conferenza.

Non riuscivo a crederci, insomma io non avevo mai fatto niente di simile. Una conferenza? Io? Ma stavamo scherzando? Cioè... avrei dovuto parlare davanti a degli studenti? Io che anni e anni fa ero stata vittima di bullismo e che a malapena riuscivo a spiccicare parola inceppandomi e balbettando ogni volta come una cretina?

Eppure era così, me lo aveva chiesto, mi fece capire che ci teneva molto e che il relatore ai suoi ragazzi dovevo essere io.

Presi un sospiro di sollievo e siccome nonostante la paura l'idea mi allettava non poco decisi di accettare.

Accadde tutto una mattina, avevo un sonno incredibile quel giorno e non avevo dormito niente dall'emozione. Il cuore mi andava a mille e non sapevo se sarei riuscita a far fronte alle loro aspettative o se mi sarei impacciata e avrei fatto la figuretta. Mi feci prestare da mio fratello la sua cravatta nera, che misi assieme ad una camicia bianca che uso per "le grandi occasioni".

Siccome era molto lunga decisi di infilarmela direttamente nei pantaloni. "Ma si, chi se ne frega, non la vedranno neppure!" Tutt'oggi questo pensiero mi imbarazza molto ma procediamo con ordine.

Ero davvero col cuore a mille, appena arrivata; cominciai ad esplorare il posto e conobbi di persona la donna che mi aveva contattato. Era molto bella e gentile proprio come la prima volta che l'avevo sentita.

Mi fece fare il giro di tutta la scuola poi ad un certo punto andò a chiamare il Preside.

"Oddio che emozione! Starò bene? Mi metterò a balbettare? Farò la figura di merda?!" Pensai. Mille pensieri si riversavano nella mia mente come cavalli impazziti.

Contrariamente a tutte le mie seghe mentali invece feci una gran figura e la conferenza nella prima classe fu così un gran successo che mi chiamarono persino nelle altre.

E' stata davvero una bella esperienza che ricordo con gioia e che mi ha dato modo di potermi confrontare con coloro che una volta avrei temuto, con quel mondo che mi aveva tanto spaventato ma che adesso poteva servirmi per portare avanti il mio messaggio. Grazie di cuore Antonella.

"Wikidays"

Oltre ad avere a che fare con gli adolescenti ho avuto modo di avere a che fare anche con i bambini.

Inutile dirvi che anche lì temevo di fare brutta figura. Ma vi voglio raccontare tutto con calma, lo spazio in fondo non ci manca no?

Mi contattò il mio amico Daniele Bonarini, con cui avevo già girato il Cortometraggio "Come se…", mi disse che mi avrebbe presentato una risposta, perché a breve si sarebbe tenuto una sorta di Evento chiamato "Wikidays".

L'evento era una manifestazione incentrata sui bambini e per i bambini e le loro famiglie e io avrei dovuto fare il relatore.

Me la feci davvero sotto, io non avevo mai parlato ai bambini, non sapevo che cosa fare, ne come rivolgermi a loro. Insomma ero abituata a parlare con gli adulti!

Daniele mi rassicurò in ogni maniera possibile e mi spiegò che non sarebbe stato difficile ma che avrei dovuto preparare qualcosa per sicurezza.

Decisi di non preparare niente perché altrimenti si che mi sarei impappinata.

Mi presentò la ragazza presentatrice dell'Evento e la trovai molto simpatica. Ci accordammo e il giorno prefissato mi feci accompagnare nel posto dal mio babbo.

Mi accolsero tutti come una specie di VIP e quando arrivò il mio momento, subito dopo la lezione della mia amica Isania ne seguì un grande applauso.

Avevamo preparato una specie di filmato, girato all'Istituto Fossombroni ma per cause di forza maggiore non partì e oltre a questo venne proiettato "Come se"

L'Evento fu un gran successo e venni invasa da una certa carica che mi portò a dire cose che mai avrei sognato di dire a dei bambini, riuscii a mescolare in maniera eccellente umorismo e serietà ed ero felice che tutto era andato bene.

Mi fecero tantissimi complimenti e tutt'oggi mi chiedo come ho fatto a riuscire a far fronte a tutto ciò, mi stupisco molto spesso delle mie capacità perché io credo a volte di non saper fare niente. E' stata una bella esperienza, seppur faticosa ma che ripeterei volentieri.

"La magica soffitta"

Quando andavo a trovare i miei nonni a Palazzo del Pero da piccola, il mio più grande desidero era esplorare la soffitta. Quella magica soffitta, da sempre con la porta chiusa, chissà quali segreti mi avrebbe rivelato. Il problema era che mi affascinava e mi faceva paura nello stesso tempo. La sognavo, la desideravo, volevo a tutti i costi esplorarla ed un giorno ci sono riuscita. Ma questa è un'altra storia ….

"All'aereoporto in Francia"

Ero stata operata da poco e mi preparavo per tornare in Italia la mia terra natia assieme ai miei genitori. Appena arrivati in aeroporto venimmo fermati dalle guardie del posto che sentendo che i loro apparecchi suonavano all'impazzata erano convinti che io avessi una bomba o qualcosa del genere.

Ero piccola ma non stupida e cercai di spiegar loro in francese che non era perché avevo qualcosa di strano addosso ma perché ero stata operata e mi erano stati messi dei chiodi nelle gambe. Ricordo mio papà che cercava di spiegar loro la stessa cosa. Morale della favola? Mi volevano portare al distretto ma per fortuna poi tutto si risolse e facemmo ritorno a casa.

E' stata un'esperienza strana al limite dell'assurdo. Tutt'oggi mi capita che quando entro in un certo negozio suono da tutte le parti! E' una cosa veramente assurda!

"A pescare"

Qualche anno fa mi divertiva molto pescare e quando ero più piccola andavamo con i miei genitori a fare delle belle scampagnate e poi a pescare. In particolare ricordo un episodio molto buffo che ancora oggi mi fa sorridere non poco.

Eravamo al Lago di Montedoglio, era una calda giornata di primavera, il sole ci riscaldava con i suoi raggi il viso accompagnato da un leggero venticello. Con me c'era anche mio nonno, ed è stata l'ultima volta che l'ho visto stare bene.

Come al solito mi ero preparata all'avventura assieme alla mia fedele canna da pesca e scelta la piazzola avevo gettato l'amo pronta a prendere tanti pesci.

Il tempo passava ma di pesci non se ne vedeva neppure l'ombra. "Oggi non è proprio giornata" pensai. Quando stavo per perdere del tutto le speranze ecco che miracolosamente vedo il sughero andare sott'acqua e comincio a tirar su.

Forza forza! Tiravo tiravo ma non riuscivo a tirar su, allora che chiamo mio papà "O che cos'è? Una balena, uno squalo!?!" urlai scherzosamente. Lui cercò di aiutarmi e…. alla fine risultò che avevo incagliato la lenza sul fondo….

Stendiamo un velo pietoso va!

"Il giorno che ho incontrato Carlo Verdone"

Tra le mie avventure ho avuto anche il piacere di conoscere di persona il bravissimo attore Carlo Verdone, ma voglio spiegarvi tuto con calma e nei minimi dettagli; lo so che morite dalla voglia di sapere com'è andata!

Il 4 marzo del 2017, fuori la pioggia batteva incessante sui vetri ma io avevo saputo che Carlo Verdone sarebbe venuto ad Arezzo per essere intervistato dal giornalista Andrea Scanzi; come potevo perdere l'occasione di conoscere un attore del suo calibro? Non me lo sono fatto ripetere due volte, e così nonostante il freddo polare e la pioggia che nel frattempo aveva cominciato a scemare, sono partita in quel di Corso Italia per raggiungere il famoso e stupendo Teatro Petrarca, recentemente ristrutturato a regola d'arte. Appena arrivata, come a mio solito, ho voluto girare un video live di ciò che stava succedendo in quel momento e per salutare tutti gli amici di Facebook e il mio fidanzato; che teneva a questo incontro anche più di me. La missione era quella di farsi fare un paio di autografi, per me e per lui e perché no, anche una bella foto insieme.

Dopo essermi accomodata al posto che mi era stato gentilmente riservato e aver assistito allo spettacolo documentando il tutto e dopo essermi fatta un sacco di risate, alla fine ho deciso di aspettare Carlo per vedere se sarei riuscita portare a termine il mio compito.

Vi dirò… non è stata un'impresa molto semplice perché gli autografi non erano previsti; anche se c'erano molti altri "speranzosi" assieme a me, ma la mia tenacia come al solito mi ha portato ad arrivare all'obbiettivo. Risultato? Due begli autografi, uno a me e uno a Federico con tanto di dedica e foto assieme a lui. Un bel risultato no?

Per raggiungerlo mi hanno fatto passare dall'uscita di sicurezza, wow mi sentivo una VIP anche io!! Ho messo la carrozzina a tutta velocità e via! Sono corsa da Carlo per farmi scrivere i tanto agognati autografi.

Durante la serata ho avuto anche modo di ritrovare alcune persone a me molto familiari, tra cui la cara Donella Mattesini, i vari sindaci; a cui ho stretto la mano e a cui non ho mancato di raccomandare di pensare ad abbattere le barriere architettoniche, l'assessore Marcello Comanducci e altri; oltretutto ho conosciuto una persona molto simpatica che mi ha fatto compagnia per tutta la serata e che ringrazio di cuore.

Zona Meridiana

Durante la stesura di questo libro non ho fatto che parlarvi di me, della città di Arezzo e di molte altre cose ma non mi sono mai soffermata a scrivere di Zona Meridiana ovvero la zona in cui vivo che si trova a circa 2 km dal Centro Storico di Arezzo.

Ci trasferimmo nel lontano 2001 assieme ai miei genitori, mio fratello e mio nonno Nello che allora abitava a Palazzo del Pero, la scelta fu data dal fatto che prima abitavamo in un condominio dove c'erano ben 5 piani di scale; io stavo all'ultimo piano e a causa di ciò era diventato impossibile per me e mio papà tutti i giorni fare quella faticaccia con me in braccio. Alcune volte alcuni scalini li facevo a piedi ma non era semplice lo stesso.

Così con un pò di dispiacere perché fu brutto dover lasciare i miei amici e il posto in cui vivevo decidemmo di traslocare.

Ricordo ancora con vivida nitidezza i tanti scatoloni che portai con me, tutti contenenti libri, fumetti tra i quali il mio amato Topolino del quale ho avuto l'abbonamento per anni, giocattoli e altro ancora. Ho sempre amato conservare i miei ricordi e infatti non ho mai buttato via niente delle mie cose di quando ero bambina.

Il trasloco fu piuttosto faticoso, come tutti i traslochi si sa! Ricordo che quando arrivammo nel posto tutto intorno non c'era ancora niente se non una distesa infinita di campi e qualche casa ancora in costruzione.

E pure la casa non aveva ancora una sua forma tant'è che dovetti aiutare la mia famiglia a ripulirla e a sistemare un pò qua e là. Tutto sommato è stata un'esperienza divertente, così come lo è stato scegliere i mobili, il lampadario e le cose per camera mia. Wow! Finalmente avevo una camera tutta per me!

Si perché quando abitavamo in condominio e più precisamente in Via Galileo Galilei vicino al Centro Affari e Convegni, io dormivo ancora in camera dei miei genitori e così possedere finalmente una camera solo per me era come aver realizzato un piccolo sogno.

Devo dire però che a distanza di anni ho trovato dei difetti nel posto dove sono; anche se non tutto il male viene per nuocere.

Di cosa mi lamento? Principalmente del fatto che essendo ancora una zona nuova e tuttora in costruzione ha poco da offrire o niente, a parte il mitico Bar La Meridiana gestito da Gino e dalla sua ancor più mitica famiglia il posto offre poco.

I negozi della zona sono principalmente il Bar come ho già scritto, la Parrucchiera che ci va sempre mia mamma, l'Estetista dove ci lavora una ragazza molto graziosa e simpatica, un negozio di computer che si trova dietro il bar e di recente ha aperto la scuola di Pole Dance.

Insomma se non ci fosse il grande Gino sarebbe un gran casino!

Il bar è il posto dove vado più spesso, a volte anche con mio fratello e ci si può mangiare una pizza davvero buonissima, ma non solo! Fanno anche il famoso "antipastone di Gino", ottimi primi e secondi e fantastici dolci; l'ambiente è conduzione familiare ed io mi sono sempre trovata benissimo con loro, sono tutti simpatici e gentili.

Spero che in futuro la zona in cui vivo adesso diventerà molto più popolata come una piccola mini - città ma forse se ne riparlerà tra qualche anno ….

La zona comunque per spezzare una lancia a suo favore, ha molto verde attorno a sè, infatti vi si trova il famoso Fiume Vingone dove ti puoi rilassare facendo una passeggiata in mezzo alla natura e semplicemente sedendosi su una panchina o mangiare qualcosa.

Se dovessi dire se preferisco più la zona dove stavo prima a quella dove sto ora direi che in parte preferisco la seconda e in parte la prima. Per quanto riguarda i vantaggi c'è da dire che grazie al trasloco sono molto più indipendente, poiché mio papà ha fatto costruire un'ascensore in casa nostra; tra l'altro bellissimo di colore rosso, e sono molto più libera di muovermi, oltretutto non dobbiamo più ammattire a fare tutte quelle rampe di scale.

Il vantaggio più grosso è essenzialmente questo. Un pò però devo dire che mi è dispiaciuto dover abbandonare tutti i miei amici, ricordo con simpatia Francesco Agostini, il mitico Cenciarelli, la Flavia e tanti altri ancora ….

Proposte per la città di Arezzo

Qui di seguito elencherò le proposte che mi sono venute in mente per migliorare la vita alle persone con disabilità ad Arezzo, vorrei girarle al Sindaco e alla Giunta Comunale e spero che saranno ascoltate e prese in considerazione almeno in parte:

- Organizzare delle manifestazioni che fungano anche da percorsi educativi per insegnare che cos'è la vera integrazione alla disabilità.

- Creare un parco giochi per bambini con difficoltà motorie e sensoriali, magari anche prendendo spunto da altre città che ne dispongono già di operativi.

- Creare un App che funga da dispositivo per elencare i posti provvisti di barriere architettoniche e quelli non, una sorta di Trip advisor navigatore per persone disabili.

- Creare una mia associazione con persone provenienti da ogni paese, senza distinzioni di alcun tipo e lavorare assieme per dei progetti comuni volti a migliorare la vita di chi ha a che fare continuamente con queste problematiche.

- Migliorare i trasporti, in particolare il salire e scendere da un autobus e fornire dei servizi che consentano ai disabili di potersi spostare in tutta autonomia oltre al taxi per persone in carrozzina già esistente.

- Cercare di rendere agibili gli alberghi e gli hotel perché anche le persone disabili sono turisti o semplicemente vorrebbero poter trascorrere una notte fuori casa.

- Organizzare delle conferenze nelle scuole e negli istituiti per far capire che non bisogna avere paura della disabilità e che tutti siamo persone.

- Organizzare una bella manifestazione, una festa e chiamarla "Festa contro tutte le barriere" dove per quel giorno saranno abbattute le barriere di ogni tipo e saranno quindi chiamati a partecipare tutti coloro che vengono in qualche modo definiti "diversi". Un giorno dove staremo tutti insieme a cantare e a ballare, anche con l'aiuto di Federico per poter dare un calcio ai cosiddetti muri mentali!

- Prendere spunto dalle altre città più evolute; come ad esempio Cecina o città più grandi perché ci vuole davvero poco a favorire l'accessibilità, basta averne voglia!

- Rendere accessibili le farmacie e stabilire che sono una priorità perché il diritto all'assistenza medica è un diritto di tutti.

- Creare delle campagne contro il fenomeno del Bullismo e del Cyberbullismo, magari da presentare nelle scuole per parlare di questo problema purtroppo molto diffuso tra giovani e non.

Il mio rapporto con la religione

i dirò …

Non sono mai stata particolarmente credente e vorrei sfatare il mito che vuole che tutti i disabili siano religiosi e che impazziscano di gioia quando vanno a Lourdes.

Ho sempre cercato di avvicinarmi a Dio e fin da piccola mi sono sempre posta delle domande mettendo in dubbio varie volte se lui esiste oppure no.

Devo dire che non ho ancora trovato delle risposte ma … rispetto al mio precedente pensiero in cui ero totalmente scettica e atea ora ho cambiato un pò idea, perché come ho scritto in precedenza qualche prova che c'è qualcuno l'ho avuta.

Sulle altre religioni non mi esprimo, accetto le opinioni di tutti ed ognuno è libero di credere in ciò che vuole.

Della religione cattolica purtroppo non ho molto simpatia ma sono convinta che ci sia una grande differenza nel credere in Dio e credere nella Chiesa. Nel mio caso credo più nel primo.

Sapete a volte quando non si sa con chi prendersela si impreca e si tende a dare la colpa a Dio o chi per lui…

Credo sia sbagliato, credo sia sbagliato bestemmiare perché se si bestemmia vuol dire che si crede altrimenti perché bestemmiare qualcuno in cui non si crede?

Credo inoltre che l'essere umano debba per forza credere in qualcosa di superiore, perché nello stesso a qualcosa si deve pur aggrappare quando perde ogni speranza.

Spero in futuro che il mio rapporto con la religione migliori, forse non sono ancora pronta o forse devo ancora ricevere ricevere dei segnali per convincermi del tutto che c'è qualcuno che ci protegge e veglia su di noi.

Una cosa che non approvo della Chiesa è la loro visione circa l'omosessualità perché io sono a favore.

Ebbene si avete capito bene, se siete persone omofobe potete tranquillamente gettare questo libro dalla finestra se lo avete acquistato cartaceo, oppure buttarlo nel cestino del pc se avete comprato la versione PDF.

Non sono contro le coppie omosessuali sia per quanto riguarda una relazione tra uomini che tra donne. Per me l'Amore è Amore e non faccio distinzioni di nessun tipo, se due persone si amano e si vogliono bene ma sopratutto quando c'è rispetto non ci trovo niente di male.

Per tutti gli altri che sono rimasti ancora con me state pronti perché siamo quasi arrivati alla fine di questo libro! Era ora direte voi … oppure no?

Bullismo & Cyberbullismo

Come ho già scritto in precedenza questi due fenomeni sono ancora oggi purtroppo molto attuali ed io, ma anche tanti altre persone come me e non ne siamo state colpite. C'è chi è stato "bullizzato" a scuola, chi al lavoro; in questo caso però si tratta di mobbing, chi dagli amici o persino dagli insegnanti stessi. Il primo è un bullismo di tipo più fisico, fatto da gente in carne ed ossa, mentre il secondo si svolge nella rete.

Ma adesso vi voglio raccontare un episodio che mi ha visto protagonista purtroppo di un caso di Cyberbullismo. Se siete arrivati fin qui, senza dubbio ormai avrete capito che non ho avuto vita facile, sopratutto a scuola dove ci si divertiva a offendermi nei modi più disparati, e sono cioè stata vittima di bulli e bulle di ogni tipo. Ma questo episodio, rispetto a tanti altri; poiché purtroppo non è il solo anzi è una cosa quasi all'ordine del giorno, mi ha molto colpito. Perchè? Perché si è trattato di un commento fattomi su un vecchio video del mio canale YouTube che elencava tutti quelli che considero "i miei punti deboli", in particolare il mio problema ai denti; si perché assieme all'Osteogenesi Imperfetta mi porto dietro un altro problema a mio avviso più difficile da digerire chiamato Dentinogenesi Imperfetta; si tratta in pratica di avere i denti più fragili del normale a causa di un problema della dentina. Mi si rompono spesso o mi sgretolano e non me ne accorgo nemmeno, infatti non ho dolore, succede e basta e questo tutte le volte mi getta nello sconforto anche se so che a Federico piaccio lo stesso! L'episodio è accaduto mentre stavo tornando proprio da casa sua, ero già triste di mio e perciò mi ha colpito nel momento in cui ero più vulnerabile. In parte però lo considero positivo, perché a seguito di questo ho ricevuto tantissime manifestazioni di affetto e di solidarietà da parte di tutti, sopratutto su Facebook e queste persone non finirò mai di ringraziarle! Non solo! Anche i giornali si sono interessati a me, tra cui "La Nazione" e "Il Corriere di Arezzo", ma anche il notiziario "Arezzo Tv" e i blog "Ali di porpora" e il più famoso "Vorreiprendereiltreno" di Iacopo Melio! E' stato bello e commuovente vedere così tanta vicinanza da parte di persone che nemmeno conoscevo! Mi ha molto colpito tutto ciò e spero in qualche modo un giorno di poter ricambiare. Non è stato solo per il fatto personale però, ma anche per altro; difatti questo episodio mi ha dato modo di riflettere su una cosa. Perché io che da anni cerco di combattere contro le barriere mentali non mi concentro anche su questi due fenomeni? Perché non provare a fare qualcosa? E così pensa e ripensa, e dopo essermi ripresa dallo shock e dalla tristezza iniziale ho deciso di creare sia una petizione sia un gruppo di auto - aiuto e di sostegno su Facebook dal titolo "Stop al Bullismo e al Cyberbullismo"

E' ora che tutto questo finisca, è ora di dire basta a questi soprusi!

Conclusioni

Ebbene si, siamo arrivati alla fine di questo libro. Che dire? E' stato un duro lavoro, faticoso e che ha richiesto molto impegno, lo ammetto! Certe volte non mi è stato semplice rielaborare il tutto e mi scuso umilmente con i signori lettori e lettrici se ho tralasciato qualcosa o non ho messo tutta la mia vita in ordine temporale ma purtroppo ricordo ben poco della mia infanzia.

Spero comunque che questo libro vi sia piaciuto e che vi abbia in qualche modo lasciato qualcosa o che vi abbia fatto comprendere qualcosina in più di me e della mia vita.

Spero inoltre che diventerà un possibile spunto per combattere le barriere architettoniche e sopratutto quelle mentali o che qualcuno si rivedrà nella mia storia, mi farebbe davvero molto piacere.

E' stato bello arrivare fin qui e se devo dare un giudizio finale sulla mia vita posso dire che non è stata noiosa, è stata soddisfacente gratificante e piena di sfide. Nella mia vita c'è stato davvero di tutto, dall'amore all'azione, la suspence, la tensione, i non - amori, di tutto .. proprio come in un film!

Non erro a dire infatti che la mia vita è un film e sono felice di essere arrivata fin qui e ho trovato piacere a raccontarvi di me e di come sono.

Ringrazio tutti coloro che direttamente o indirettamente hanno collaborato alla stesura di questo libro, ringrazio coloro che mi sono stati vicini, in particolare il mio amore Federico, la mia famiglia e i miei amici. Mi scuso se ho tralasciato qualcosa o se qualcuno in qualche modo si è sentito trascurato offeso, credetemi non era mia intenzione.

Ringrazio inoltre chi ogni giorno combatte, chi non si arrende, chi fa della disabilità una risorsa e non uno ostacolo, chi spera sempre che domani sarà un giorno migliore, chi alza la testa e riesce ad andare avanti con le proprie gambe (o ruote), chi sorride consapevole che oltre alle difficoltà, la vita può offrire di più e infine ringrazio la Vita per avermi dato la possibilità di poter essere ciò che sono.

Grazie di cuore a tutti

Ilaria Bidini

Indice

www.ingramcontent.com/pod-product-compliance
Lightning Source LLC
Chambersburg PA
CBHW081201280526
45791CB00006B/2155